Fintelmann · Hartmann

Mit Widar Zukunft schaffen

Volker Fintelmann · Steffen Hartmann

Mit Widar Zukunft schaffen

Verlag Freies Geistesleben

2., verbesserte Auflage 2022

Verlag Freies Geistesleben
Landhausstraße 82, 70190 Stuttgart
www.geistesleben.com

ISBN 978-3-7725-2899-6

Schutzumschlag: Akseli Gallen-Kallela, «Seeblick» (Insjölandskap/Järvimaisema), 1901, © akg-images; Einbandprägung: «Gosforth Cross», Detail
Druck: GGP Media GmbH, Pößneck
Printed in Germany

MIX
Papier aus verantwortungsvollen Quellen
FSC® C014496

Inhalt

Vorwort – Wie das gemeinsame Buch entstanden ist

An Pfingsten 2014 fand im Hamburger Rudolf Steiner Haus eine große Tagung mit dem Thema «Der lebendige Christus» statt. Steffen Hartmann hatte dazu im Vorfeld einige Menschen aus dem anthroposophischen Umfeld eingeladen, von denen er sich einen persönlichen und eigenständigen Zugang zum Christus erhoffte. Unter diesen Menschen war auch Volker Fintelmann. Wir haben uns somit schon während der intensiven Vorbereitung der Tagung bei mehreren Arbeitstreffen etwas näher kennengelernt. Auf der Tagung hielt Steffen Hartmann einen Vortrag über «Widar und Christus – zum Mysterium der Wiederkunft Christi». Dieser Vortrag stand auch im Zusammenhang mit einem intensiven Forschungsprojekt zu Widar – gemeinsam mit Anton Kimpfler und Torben Maiwald –, das zu der Buchveröffentlichung *Aus Widars Wirken* führte.

Wir begegneten uns gewissermaßen im Zeichen Widars und begannen unsere Zusammenarbeit im Geiste dieses großen Engelwesens des Nordens. Ein Wesen, dem sich Volker Fintelmann schon seit Jahrzehnten innerlich verbunden fühlte, ohne seinen Namen und seine Herkunft zu kennen. Er ahnte jedoch durch seine Praxis als anthroposophischer Arzt, insbesondere im Bereich der Krebstherapie, dass es einen guten und schützenden Geist der Mistel und der Misteltherapie geben muss. Dieser Schutzgeist der Mistel – wie wir ihn an dieser Stelle einmal nennen möchten – trat nun plötzlich auf überraschende Weise durch die Vortragsdarstellung von Steffen Hartmann über Widar ihm entgegen, freilich ohne dass an Pfingsten 2014 über die Mistel gesprochen worden wäre.

Schrittweise entstand zwischen uns eine Freundschaft, in deren Zentrum die Frage nach Widar, seiner Verbindung zu Christus und zum Zeitgeist Michael steht, sowie nach der Zukunft der anthroposophischen Heilkunst, die aktuell vielleicht so angegriffen ist wie nie zuvor. Es folgten zwei weitere öffentliche Veranstaltungen: Im März 2017 «Widar und die Ungeborenheit», eine der letzten Tagungen in der Carus Akademie Hamburg, die nach zwanzig erfolgreichen Jahren im Sommer 2017 geschlossen wurde. Und im März 2018 folgte im Rudolf Steiner Haus Hamburg «Widar und die Auseinandersetzung mit dem Bösen». Bei beiden Veranstaltungen wirkte auch Marret Winger mit, die unsere Arbeit durch elementare Gesangs- und Körperübungen mit allen Teilnehmenden sowie künstlerische Gesangsdarbietungen bereicherte. Das Hören und Lauschen – das wirkliche Zuhören – ist ein Lebenselement Widars, wie sich aus unseren folgenden Darstellungen noch ergeben wird.

Das vorliegende Buch ist die Frucht einer sich mittlerweile weiter intensivierenden Forschungsarbeit, immer im Hinblick auf Widar, seinen Beitrag zu einer Zukunftskultur der Menschheit, und insbesondere einer Neu-Impulsierung Anthroposophischer Heilkunst im weitesten Sinne, auch vor dem Hintergrund vielfältigster Zivilisationserkrankungen und -bedrohungen. Es ist unser Anliegen, grundlegend und allgemein verständlich zu einem Begreifen und Erleben der Wesenheit Widar hinzuführen, sowohl anknüpfend an die nordische Mythologie, die *Edda,* als auch die Anthroposophie Rudolf Steiners. Gleichzeitig wird immer wieder das aktuelle Zeitgeschehen einbezogen, insbesondere die tragischen und herausfordernden Weltereignisse des 20. und 21. Jahrhunderts, durch die der gute Fortgang der Menschheitsentwicklung als Ganzes infrage gestellt scheint. Das vierte Kapitel über das Wesen des Bösen wird dem Leser in diesem Sinne vielleicht am meisten abverlangen. Uns scheint die innere Vorbereitung auf dieses zentrale Kapitel durch die drei vorangehenden – und eine gute Nachbereitung seiner Aussagen durch die folgenden – Kapitel sehr wichtig und sinnvoll zu sein. Das existenzielle Sich-Verbinden mit Widar erfordert diese ehrliche und intensive Auseinandersetzung mit dem Bösen; zugleich kann auch ein Schutz durch Widars Wesen dabei erfahren werden.

An und mit Widar erleben wir ein Sich-Öffnen der Zukunft, einer Zukunft, die schon längst begonnen hat – einer «anderen», einer menschlichen und menschheitlichen Zukunft. Die Frage ist, ob wir für sie aufwachen, ob wir lernen, auf das Unhörbare zu hören, um es paradox und doch stimmig auszudrücken. Widar steht unerschütterlich für die ganze Menschheit und ihr Fortschreiten ein, energisch und sanft, humorvoll und ernst, kindlich-jung und zugleich uralt-wissend. Unser Buch eröffnet ein weites Panorama. Manches davon ist neu, vielleicht sogar ungewohnt und überraschend, anderes baut auf den Erkenntnissen und Vorarbeiten anderer Autoren auf, die uns forschend vorangeschritten sind. Es fließen eigene Erlebnisse und Anschauungen der Verfasser in die Darstellung ein. Selbstverständlich verantworten wir die daraus entspringenden Aussagen und Erkenntnisse selbst. Wo hingegen Erkenntnisse anderer Autoren und Forscher vorliegen, finden sich die entsprechenden Literaturhinweise im Text.

Die Leser sind eingeladen, gemeinsam mit uns eine Entdeckungsreise ins «weite Land» Widars anzutreten. Das Buch ist in acht Kapitel gegliedert. Gleichsam wie eine Tonleiter komponiert – von der Prim bis zur Oktave aufsteigend. Die Frage «Wer ist Widar?» wird im ersten Kapitel ausführlich behandelt. Dieses Kapitel ist wie der Grundton für alles Folgende. Zu ihm kann man zwischendurch immer wieder zurückkehren.

Mit dem zweiten Kapitel öffnet sich der Raum für drei geistige Wesen, die vielfältig verbunden sind und lebendig zusammenwirken: Widar, der schweigende Ase des Nordens, Michael, der Sonnenerzengel und leitende Geist unserer Zeit, und Christus, der Menschheitsgeist, der sich ganz mit der Erde verbunden hat. Wie eine sich öffnende und fragende Sekunde können die Perspektiven dieses Kapitels empfunden werden. Es folgt dann im dritten Kapitel die Betrachtung einer zunächst verborgenen Sphäre: die sogenannte Ungeborenheit. Ungeborenheit auch im Unterschied zu Unsterblichkeit. Ungeborenheit als eine Wirkenssphäre Widars, aus der wir stammen, ja, aus der beständig Neues geboren wird. Sie kann als der leise Terzklang Widars erfahren werden.

Dann kommt eine energische, aber auch fordernde Quarte: eine existenzielle Auseinandersetzung mit dem Bösen im Lichte Widars. Hier müssen wir uns mit unserem Ich behaupten lernen, im Angesicht eines abgründigen Bösen, das im 20. und 21. Jahrhundert mit einer Wucht zu wirken begonnen hat, die alles menschheitlich Gewordene infrage stellen kann.

Das fünfte Kapitel bringt hierzu gewissermaßen einen therapeutischen Ausgleich, im Bereich der alles umhüllenden Quinte: Krankheit *und* Gesundheit werden als Ausdruck des Menschseins betrachtet. Daraus geht organisch die Sexte des Buchs hervor. Eine neue Entdeckung wird hier entwickelt: Widar und sein Zusammenhang mit der Mistel. Der Krebs als die Krankheit unserer Zeit (jeder dritte Mensch erkrankt im Laufe seines Lebens an Krebs und jeder vierte stirbt daran) stellt uns global vor gewaltige Herausforderungen. Widar wird von uns als ein Helfer in dieser Not gesehen, der der pharmazeutischen Zubereitung der Mistel zu einem wirksamen Krebsheilmittel verbunden ist und deren therapeutisch-heilende Wirkweise unterstützt.

Im siebten Schritt gelangen wir septimenartig zu der Frage, wie wir überhaupt mit Widar zusammen zukunftsfähig werden können? Das Sich-Entwickeln aus der Zukunft, das Fragen aus den Impulsen des Kommenden heraus – individuell, aber auch menschheitlich – wird hier anklingen. Das achte Kapitel «Wie verbinde ich mich Widar?» ist Abschluss und Neuanfang zugleich. Ein meditativer Übungsweg wird dargestellt, den jede Leserin auf ihre und jeder Leser auf seine Weise – auch über das Buch hinausschreitend – begehen mag.

Wir danken verschiedenen Menschen für ihre Hilfe bei der Entstehung dieses Buchs. Alexandra Fintelmann und Marret Winger für ihre fortlaufende Unterstützung der Arbeit, für die vielen Gespräche und das wiederholte gemeinsame Lesen des Manuskriptes. Wir danken Mario Betti für seine engagierte, kritisch-liebevolle Durchsicht des Manuskriptes und seine vielen weiterführenden Anregungen. Ebenso danken wir Anton Kimpfler für sein sachlich gediegenes Begleiten dieser Arbeit und weiter vertiefende Hinweise, sowie Gabriele Kleber für die gründliche Korrektur des Ganzen.

Wenn Widar dem Leser durch unser Buch etwas näherkommen kann und auch im Lesen innere Erlebniszugänge hin zu diesem Widar-Wesen entstehen – dann haben wir unser Herzensanliegen erreicht.

Hamburg, *Volker Fintelmann und Steffen Hartmann*
Michaeli 2019

I. Wer ist Widar?

«Der Wolf verschlingt Odin, und wird das sein Tod. Alsbald kehrt sich Widar gegen den Wolf und setzt ihm den Fuß in den Unterkiefer. An diesem Fuße hat er den Schuh, zu dem man alle Zeiten hindurch sammelt, die Lederstreifen nämlich, welche die Menschen von ihren Schuhen schneiden, wo die Zehen und Fersen sitzen. Darum soll diese Streifen ein jeder wegwerfen, der darauf bedacht ist, den Asen zu Hilfe zu kommen. Mit der Hand greift Widar dem Wolf nach dem Oberkiefer und reißt ihm den Rachen entzwei, und wird das des Wolfes Tod.»[1]

Was für ein eigenartiges und dramatisches Bild! Ein mythologisches Bild, das uns tief berühren kann. Wir spüren, dass es zu uns sprechen will, und etwas in der eigenen Seele kann dadurch ins Sinnen und Klingen kommen. Doch was will es uns heutigen Menschen sagen? Der Fenriswolf verschlingt während der Götterdämmerung den Göttervater Odin. Der Allvater Odin geht zugrunde, und sein Sohn Widar rächt ihn. Widar hat einen besonderen Schuh an, einen Schuh, den er dem Ungeheuer in den geöffneten Rachen stellt. Nun bekommt der Fenriswolf sein gieriges Maul nicht mehr zu. Zu dem Schuh des Widar sagt die *Edda*: Er ist gemacht aus den Resten, die sonst anfallen beim Schuhe machen. Und die Menschen können den Asen zu Hilfe kommen, indem sie die Lederstreifen, die sie abschneiden an den Zehen und an den Fersen, wegwerfen. Wegwerfen allerdings

1 *Die Edda,* Übersetzung von Karl Simrock, Wiesbaden [12]2015, S. 309 f.

wohl in dem Bewusstsein, dass diese Lederreste noch für etwas gut und sinnvoll sind; denn diese Reste werden dann aufgesammelt und umgearbeitet zu diesem ganz besonderen Schuh des Widar.

Man kann sich den schweigenden Asen Widar vorstellen, wie er schon seit Urzeiten all die Lederreste aufsammelt, die oftmals achtlos weggeworfen werden. Liebevoll und achtsam sammelt er das alles ein, bewahrt es auf. Doch warum tut er das? Er weiß, es wird eine Zeit kommen, in der es gerade dieser aufbewahrten Reste bedarf. Auch die anderen Götter wissen ahnungsvoll um diese Zukunftsaufgabe Widars und seinen Schuh. Sie vertrauen auf ihn in allen zukünftigen Gefahren, erzählt uns die *Edda*: «Widar heißt einer, der auch der schweigende Ase genannt wird. Er hat einen dicken Schuh und ist der stärkste nach Thor. Auf ihn vertrauen die Götter in allen Gefahren.»[2] Größtes Vertrauen in die rettenden Zukunftskräfte Widars tragen all die anderen nordischen Götter in sich, wie sie auch heißen mögen: Odin, Thor, Baldur, Frigg und Freya … ja selbst Loki weiß um Widars Zukunftsaufgabe und seine Stärke.

Was erfahren wir noch über Widars Wesen, indem wir die nordische Mythologie befragen? Widar ist auch der Hüter der unberührten, reinen Natur. Sein Reich ist das weite Land des Nordens. Er lebt im sogenannten «Land Widi». Was für ein lautmalerisches Wort! Widar ist dort zu Hause, wo hohes Gras wächst, der Wind weht und stetig die Wellen auf und ab gehen:

«Mit Gesträuch begrünt sich und hohem Grase
Widars Land Widi.
Da steigt der Sohn auf den Sattel der Mähre,
Den Vater zu rächen bereit.»[3]

2 Ebenda, S. 281.

3 Ebenda, S. 25.

Das sagt uns schon Wesentliches über diesen Asengott: Widar wohnt nicht in einem Tempel oder in einem Prachtbau wie die anderen Götter – er ist einfacher, natürlich und ursprünglich gestimmt. Das weite, offene Land ist sein Zuhause. Die Frage kann in uns aufsteigen: Bewahrt Widar vielleicht noch ein Stück vom verlorenen Paradies und dem Baum des Lebens in seinem reinen Wesen? Dazu würde auch passen, dass seine Mutter aus dem alten Geschlecht der Riesen stammt; es ist die Riesin Gridr. Das Riesengeschlecht ist älter als das Göttergeschlecht der Asen, es ist ihnen in der Evolution vorausgegangen, ist stark mit der Vergangenheit verbunden. Diese Kräfte trägt Widar als Gabe seiner Mutter in sich, sie verbinden ihn mit uralter Vergangenheit. Durch seinen Vater Odin ist er Teil der Jetztzeit des Asengeschlechts, das aber seiner Dämmerung, der Götterdämmerung, schon nahe ist. Sein eigenes Wesen jedoch ist die bald beginnende Zukunft, die neue Evolution, die ein neues Hellsehen bringen wird. In Widar verbinden sich also die göttlich-schöpferischen Odinkräfte mit ursprünglich-alten, paradiesischen Riesenkräften.

Es ist eine Besonderheit der nordischen Mythologie, dass sie die Weiten der Vergangenheit *und* der Zukunft umfasst, das unterscheidet sie beispielsweise von der griechischen Mythologie. In dieser tragen die Götter mitunter menschlich-allzumenschliche Züge, und die griechischen Göttersagen weisen nicht in eine ferne apokalyptische Zukunft. Für das Bewusstsein der alten nordischen Menschen und ihrer Götter hingegen ist die Zukunft in der Gegenwart, ja man könnte sogar paradoxerweise sagen in der Vergangenheit immer schon präsent gewesen. Die Zeiten schieben sich hier geheimnisvoll ineinander. Daher begegnet uns in der *Edda* immer wieder ein apokalyptischer Vorblick auf Zukunftszeiten, auf die Götterdämmerung, und auf Widars zukünftige Taten – obwohl es für ihn lange noch nicht an der Zeit war. Doch wir denken und empfinden es deutlich, und möchten das mit diesem Buch auch zeigen: Widars Zeit ist nun gekommen. Sein Wirken hat im 20. Jahrhundert begonnen. Ihm gehört die Zukunft.

Was ist das für ein Schuh?

Fragen wir einmal nach dem Schuh des Widar, indem wir uns sinnend, meditativ tastend und suchend damit auseinandersetzen. Was für ein Bild ist dieser Schuh des Widar? Ein Schuh, gemacht aus weggeworfenen Resten – was ist das für ein besonderer Schuh? Und, anders gefragt, was will uns diese mythologische Imagination der *Edda* sagen? Können wir das als heutige Menschen tiefer verstehen?

In unseren Schuhen gehen wir unseren Lebensweg. Ein ausgelaufener alter Schuh ist demnach Ausdruck von gelebtem Leben, von real gegangenen Wegen. Jede Entscheidung für einen Weg ist immer auch eine Entscheidung gegen andere mögliche Wege. Man kann sich das beispielhaft verdeutlichen: Wenn ich auf einer Kreuzung stehe und in vier verschiedene Himmelsrichtungen gehen könnte, so muss ich mich doch schließlich für eine Richtung entscheiden, ich kann nicht in alle Richtungen gleichzeitig gehen. Gehen heißt immer auch, sich für eine bestimmte Richtung zu entscheiden. Jeder Mensch hat somit neben seinem konkret gegangenen Lebensweg – seiner individuell gewordenen Biografie – noch eine Vielzahl von nicht gegangenen Wegen hinter sich (oder vielleicht vor sich?). Jeder von uns wird gleichsam begleitet von einem, ja wohl von mehreren ungelebten Leben.

Im sozialen Miteinander, im Zwischenmenschlichen ist das recht leicht zu sehen und nachzuvollziehen. In unseren Beziehungen von Mensch zu Mensch treffen wir immer wieder Entscheidungen. Wir können jedoch nicht alles, was zwischen uns und anderen Menschen möglich wäre, auch realisieren und verwirklichen. Wir müssen uns beschränken und eine Wahl treffen. Wenn ich mit Freunden in Urlaub fahre, verzichte ich darauf, in dieser Zeit meiner Arbeit nachzugehen oder mich um meine pflegebedürftigen Eltern zu kümmern. Auch die Berufswahl oder der eigene Wohnort sind konkrete Entscheidungen, die Bestimmtes bejahen, anderes jedoch ausschließen. Ständig fällt etwas ab, fortwährend gibt es im Schicksalsverlauf ungelebte Reste. Es bleibt gewissermaßen immer etwas offen.

Und so kann uns langsam der Zusammenhang aufgehen: Sind nicht die Lederreste, von denen die *Edda* spricht, solche abgefallenen, nicht realisierte Lebens-Möglichkeiten? Eben all das, was nicht in meinen Schuh und damit auch nicht in meinen Lebensweg eingegangen ist? Etwas, das zurückgeblieben ist – ein noch offener Schicksalsrest. Dasjenige, was ich hätte tun können (oder gar müssen), aber nicht getan habe. Und darauf blickt nun Widar ruhig hin, dem schenkt er seine Aufmerksamkeit, das sammelt er alles hingebungsvoll auf, es für spätere Zeiten aufbewahrend.

Man kann dieses Arbeitsgebiet Widars – das Bewahren von Resten – mit einem Begriff Rudolf Steiners auch als die Sphäre der Ungeborenheit bezeichnen Es ist dasjenige, was noch nicht geboren wurde. Das, was noch offen ist, eben das Ungeborene. Dazu zählen auch die Dinge, die achtlos zurückgeblieben sind oder irgendwann einmal weggeworfen wurden, auf eine zukünftige neue Bestimmung wartend – all das sammelt Widar wieder ein. Widar ist somit eine Art Hüter der Ungeborenheit.

Und so wollen wir einmal die Frage stellen, ob die Sendung Widars in unserer Zeit nicht auch etwas mit der Wiederverwertung von Materialien zu tun hat, den gesamten Wirtschafts- und Produktionskreislauf betreffend? Könnte es nicht sein, dass Widar gleichsam der gute Geist der Wiederverwertung, des sogenannten Recyclings ist? Im Zusammenhang mit den Lederresten und deren «Widar-Verwertung» ist es zumindest interessant, dass das Abfallproblem und die Frage nach der ökologischen Wiederverwertung von Materialien im Grunde erst im 20. Jahrhundert – in der Zeit der Götterdämmerung – virulent geworden sind. Die Menschheit hat sich erst seit ein paar Jahrzehnten ein ökologisches Bewusstsein errungen. Wir sind mittlerweile leidvoll aufgewacht für die Problematik des Abfalls und die Frage der Wiederverwertung, des Recyclings. Jahrtausendelang war die Produktion der Menschheit in Technik und Kunst weitgehend ein Teil der natürlichen Kreisläufe. Was sich erhalten hat von den alten Kulturen, das sind Bauwerke wie die Pyramiden oder die griechischen Tempel, Vasen, Schmuck und Werkzeuge, aber in keinem Fall giftige oder gar radioaktiv strahlende Abfälle.

Seit dem 20. Jahrhundert jedoch produzieren wir als globalisierte Menschheit weltweit in einem nie dagewesenen Ausmaß Abfälle und Müll. Abfälle, die sich immer weiter anhäufen und in vielen Fällen praktisch nicht wiederverwertbar sind. Ein gigantisches Problem tut sich hier auf! Nur ein Beispiel unter vielen sei genannt: «Die Weltmeere sind bis hinunter in die 4.500 Meter tiefen Tiefseegräben mit Abfällen verschmutzt. Schätzungen gehen von 270.000 Tonnen reinem Plastik aus, das in fünf gewaltigen Strudeln auf den Ozeanen treibt. Der größte Müllteppich, der Great Pacific Garbage Patch im Nordpazifik, hat inzwischen die Fläche Mitteleuropas erreicht, er ist viermal so groß wie Deutschland.» (Jan Haarmeyer im *Hamburger Abendblatt,* 26.6.2015) Dabei kann dieser Abfall nicht mehr in die natürlichen biologischen Kreisläufe integriert werden. Das von Menschen geschaffene Plastik ist ein Fremdkörper in der organischen Welt. «Auf jedem Quadratkilometer Meeresoberfläche treiben bis zu 18.000 Plastikteile unterschiedlicher Größe. Mehr als 70 Prozent der Abfälle bleiben unsichtbar, weil sie auf den Meeresboden sinken. Die Kunststoffe überdauern im Meer Hunderte von Jahren. Und sie zerfallen langsam zu Mikropartikeln, die auch in die Nahrungskette gelangen.» (*Hamburger Abendblatt,* 26.6.2015)

Was sagt uns diese Problematik? Jeder Einzelne kann sich fragen: Was hat das mit mir zu tun? Und wir wollen auch anregen, zu fragen, was Widar dazu sagt, der gleichsam das erste Recycling-Unternehmen der Weltgeschichte betreibt? Können wir von Widar etwas lernen für unsere Produktionsabläufe? Und, ist nicht der Ruf nach Nachhaltigkeit in Ökologie und Wirtschaft – an Unternehmer und Konsumenten gleichermaßen gerichtet – ein Ruf Widars an uns? Wird es gelingen, dass wir mit seiner Hilfe eine Lösung dieser Problematik finden?

Widar und Loki – eine Schlüsselszene

Doch zurück zur nordischen Mythologie und ihren alten Erzählungen. Es gibt eine Schlüsselszene in der *Edda,* durch die man viel über Widar erfahren kann, gerade durch dasjenige, was er nicht tut. Es handelt sich um «Oegirs Trinkgelag» oder auch «Lokis Zankrede». Die Asengötter sitzen beisammen und feiern, bei Oegir (auch Gymir genannt), einem gastfreundlichen und weisen Meeresriesen. Sie essen und trinken. Odin ist da und Frigg, sein Weib, und viele andere Götter, darunter auch Widar. Es herrscht eine ausgelassene, freudige sowie friedliche Stimmung. Doch plötzlich betritt Loki den Saal. Loki ist der Widersacher in der nordisch-germanischen Mythologie. Er ist eine Art Luzifer – schöner und schlauer als all die anderen Götter, aber durch und durch zwiespältig. Loki ist auch der listige Versucher. Interessanterweise hat er das Recht, bei den anderen Göttern am Tisch zu sitzen. Wir erfahren, dass Odin bei ihm in der Schuld steht, aufgrund gemeinsamer Taten in alten, lang vergangenen Zeiten. Loki spricht zu Odin:

«Gedenkt dir Odin, wie in Urzeiten wir
Das Blut mischten beide?
Du gelobtest, nimmer dich zu laben mit Trank,
Würd' er uns beiden nicht gebracht.»[4]

Und Odin antwortet:

«Steh denn auf, Widar, dem Vater des Wolfs
Sitz zu schaffen beim Mahl,
Dass länger Loki uns nicht lästere
Hier in Oegis Halle.»[5]

Und nun tritt Widar hervor, der ein Sohn Odins ist und sich bisher abseits hielt. Die *Edda* beschreibt uns allerdings nur, dass Widar aufsteht und Loki den Trank reicht. Widar tut dies schweigend, auf die Anweisung Odins hin, ohne Eigenwillen. Ruhig und dienend bleibt Widar dabei im Hintergrund der Handlung. Doch kaum hat Loki den Trank in Händen, be-

4 Ebenda, S. 83.

5 Ebenda.

ginnt das Desaster; denn nun hebt er mit seinen Schmähreden an und sät in Windeseile Streit und Zwist unter all den versammelten Göttern. Lokis Zankrede ist ein Meisterstück der Zwietracht und der Verleumdung. Wer einmal studieren möchte, wie man durch Hohn und Lüge, Verdrehung und Hass in kürzester Zeit alles in den Schmutz ziehen kann und sei es das Höchste, der lese «Oegirs Trinkgelag» aus der *Edda*. Denn was die anderen Götter auch tun in dieser Situation – Loki kriegt sie alle zu fassen! Die einen Götter versuchen zu beschwichtigen, die anderen wehren sich entschieden und halten dagegen, doch alle werden sie verstrickt in eine unheilvolle Rede und Gegenrede. Alle anwesenden Asen knüpft sich Loki der Reihe nach vor, um sie zu beschimpfen und zu verhöhnen, ihnen ihre Laster und Verfehlungen vorzuhalten, sie in Streit und Aufruhr versetzend. Alle – alle bis auf einen!

Einer streitet nicht mit; einer wird nicht verstrickt in Rede und Gegenrede; einer hält sich zurück; denn er schweigt: Widar. Die *Edda* teilt uns das nicht so offenkundig mit. Wir müssen schon selber darauf kommen. Aber irgendwann kann es einem im inneren Umgang mit der geschilderten Szene aufgehen: Da gibt es einen Gott, den Loki nicht angreifen kann, der unversehrt aus diesem ganzen Streiten hervorgeht: der schweigende Ase Widar. Wer schweigt, mit dem kann man nicht streiten. Und wer schweigt, der kann nicht lügen und den kann man somit auch nicht der Lüge zeihen. Schweigen ist in diesem Fall eine Art aktive Friedensarbeit. Widar steht in dieser Szene vor unserem inneren Auge als ein Wesen, das uns eine wirksame moralische Technik im Umgang mit dem Widersacher Loki vorlebt: das bewusste Innehalten und das Sich-Zurücknehmen im rechten Moment.

Die dramatische Szene endet schließlich damit, dass Thor erscheint; er ist der stärkste der Götter. Es ist Thor mit dem Hammer, jener Hammer Miöllnir, der immer wieder zurückkehrt zu seinem Besitzer, auch wenn er im Kampfe geworfen wird. Thor tritt Loki kämpferisch entgegen und spricht:

«Schweig', unreiner Wicht, sonst soll mein Hammer
Miöllnir den Mund dir schließen.
Vom Halse hau' ich dir die Schulterhügel,
Dass dich das Leben lässt.»[6]

Loki verspottet zwar auch noch Thor, weicht aber dann doch von hinnen und ergreift die Flucht. Aber er hat ja erreicht, was er erreichen wollte. Loki hinterlässt ein zerstörtes Götterfest. Loki lässt die anderen Götter im Streit und in Zwietracht und innerem Aufruhr zurück. Hier steigt schon eine Vorahnung der Götterdämmerung auf, wie nämlich das Asengeschlecht Lokis List und seinen Geschöpfen – denn der Fenriswolf wurde von Loki gezeugt – nicht gewachsen sein wird.

Das Lauschen Widars und die Mediengeräte

Widar ist der große Schweiger – der schweigende Ase. Dadurch kann er Loki auf sanfte Art widerstehen. Gleichzeitig ist Widar auch der große Lauscher. Widar hört intensiv auf das Unhörbare. Widar hört – ähnlich wie *Momo* von Michael Ende – so gut zu, dass wir als Sprechende und von ihm Gehörte zu unserem eigentlichen geistigen Potenzial erwachen können. Mit Widar-Ohren wird unser Wesenhaftes erhört, und das gleicht einem seelisch-geistigen Geburtsgeschehen.

6 Ebenda, S. 90.

Michael Ende hat diese Hörqualitäten in seinem bekannten Jugendroman *Momo* eindrücklich beschrieben. Momo erscheint hier wie eine Art menschlicher Repräsentant Widars: «Was die kleine Momo konnte wie kein anderer, das war: Zuhören. Das ist doch nichts Besonderes, wird nun vielleicht mancher Leser sagen, zuhören kann doch jeder. Aber das ist ein Irrtum. Wirklich zuhören können nur ganz wenige Menschen. Und so wie Momo sich aufs Zuhören verstand, war es ganz und gar einmalig. Momo konnte so zuhören, dass dummen Leuten plötzlich sehr gescheite Gedanken kamen. Nicht etwa, weil sie etwas sagte oder fragte, was den anderen auf solche Gedanken brachte, nein, sie saß nur da und hörte einfach zu, mit aller Aufmerksamkeit und aller Anteilnahme. Dabei schaute sie den anderen mit ihren großen, dunklen Augen an, und der Betreffende fühlte, wie in ihm auf einmal Gedanken auftauchten, von denen er nie geahnt hatte, dass sie in ihm steckten. Sie konnte so zuhören, dass ratlose oder unentschlossene Leute auf einmal ganz genau wussten, was sie wollten. Oder dass Schüchterne sich plötzlich frei und mutig fühlten. Oder dass Unglückliche und Bedrückte zuversichtlich und froh wurden. Und wenn jemand meinte, sein Leben sei ganz verfehlt und bedeutungslos und er selbst nur irgendeiner unter Millionen, einer, auf den es überhaupt nicht ankommt und der ebenso schnell ersetzt werden kann wie ein kaputter Topf – und er ging hin und erzählte alles das der kleinen Momo, dann wurde ihm, noch während er redete, auf geheimnisvolle Weise klar, dass er sich gründlich irrte, dass es ihn, genauso wie er war, unter allen Menschen nur ein einziges Mal gab und dass er deshalb auf seine besondere Weise für die Welt wichtig war. So konnte Momo zuhören!»[7]

7 Michael Ende, *Momo,* Stuttgart [20]1973, S. 15 f.

Momo ist einfach da für die Menschen. Sie hört zu, bedingungslos, aufmerksam und hingegeben. Verborgenes, das in den Menschen lebt, die sie aufsuchen, kann dadurch zum Vorschein kommen. Momos Zuhören schafft Zukunft. Neuer Lebensmut entsteht. Dieses widarische Zuhören hat starke therapeutische Wirkungen.

In der Nähe von Frankfurt wurde im Sommer 1996 eine Steinfigur mit «riesigen Ohren» gefunden. Der *Spiegel* titelte damals: «Ein keltischer Fürst mit Micky-Mouse-Ohren gefunden.» An dieser Steinplastik aus dem fünften Jahrhundert v. Chr. kann man ebenfalls etwas von den angesprochenen Hörqualitäten Widars erleben. Mit «riesigen Ohren» nimmt diese Steinfigur alles auf. Auch tiefe Stille und das äußerlich Unhörbare scheinen von ihr erfasst zu werden. Ein Rätsel für die äußere Wissenschaft! Dieser keltische Fürst war vielleicht in die Geheimnisse Widars eingeweiht – sozusagen ein Widar-Eingeweihter und darin der kleinen Momo verwandt. Da es im Gegensatz zu anderen mythologischen und religiösen Gestalten (wie zum Beispiel Michael) keine kulturgeschichtlichen Traditionen in der plastischen oder malerischen Darstellung Widars gibt, sind wir auf solche Überlegungen angewiesen, um dem weitgehend verborgenen Wesen Widars etwas näherzukommen.

Widar ist ein Wesen, das uns heute zunehmend hilft, die Erkenntnisstufe der Inspiration auszubilden, davon sind wir überzeugt. Man könnte es auch ein zu erwerbendes Herzens-Hören nennen. Dieses intime Herz-Hören ist in unserer Zeit allerdings so umkämpft wie nie zuvor. Denn von morgens bis abends sind wir der Informationsflut und dem Getön der Medienwelt ausgeliefert. «Ganze 18 Minuten. Dann geht es nicht mehr. Länger hält es der Durchschnitts-Handybesitzer nicht aus, ohne auf sein Smartphone zu schauen. 88-mal am Tag. ...

Das Smartphone hat die reinigende Langeweile abgeschafft. Man hat keine Pausen mehr. Keine Zeiten, zu denen man ins Leere starrt. Dass das nicht guttut, merken die meisten Menschen auch selbst.» (*Süddeutsche Zeitung*, 28./29.10.2017) Bildhaft gesprochen: Die ganze Menschheit sitzt nun mit Loki zu Tisch. Und da wird gelärmt, gehetzt und verhöhnt – und die allermeisten Menschen machen mit.

Die Mediengeräte (zum Beispiel das Smartphone), die heute am umfassendsten die Kommunikation zwischen Menschen ermöglichen und die sich weltweit durchgesetzt haben, sind bezeichnenderweise besonders problematisch hinsichtlich ihrer Stoffe, und zwar sowohl in der Gewinnung derselben als auch in der Entsorgung. «Recyclingfachleute wissen, dass Handys am Ende ihres Lebens üblicherweise allenfalls die Batterie entnommen bekommen, der Rest wandert ungetrennt in die Schmelze. ... Smartphones enthalten an die 40 verschiedene Mineralien, darunter sogenannte Konfliktmineralien wie Zinn, Tantal, Wolfram und Gold. Diese Stoffe, klagen Kritiker, würden häufig illegal gefördert, unter Verletzung von Menschen- und Völkerrecht. Rainer Grießhammer vom Freiburger Öko-Institut spricht von katastrophalen Arbeitsbedingungen in den Minen und von massiven Umweltproblemen während der Förderung und Verarbeitung der seltenen Erden.» (*Frankfurter Allgemeine Zeitung*, 20.3.2017)

Doch neben dem physischen Müll entsteht hier ständig auch eine Art akustischer Müll. Diese akustische Dauerbelastung wurde von Klaus Miehling als «Zwangsbeschallung» eindrücklich beschrieben.[8] Man kann fast den Eindruck haben: Die

8 Klaus Miehling, *Lautsprecher aus! Zwangsbeschallung contra akustische Selbstbestimmung*, Berlin 2010.

Menschen teilen sich ununterbrochen mit, vermittelt durch elektronische Geräte und Netze – während Widar schweigt. Widar lauscht – die Menschheit dröhnt, Tag und Nacht. Was für ein Kontrast! Das führt uns nun zu der Frage nach dem Wesen des Fenriswolfs. Welche Rolle spielt er in der Götterdämmerung und wie können wir sein Wirken in unserer Zeit besser verstehen?

Widar und der Fenriswolf

Als Rudolf Steiner 1910 zum ersten Mal in Vorträgen über Widar sprach – in dem Zyklus *Die Mission einzelner Volksseelen im Zusammenhange mit der germanisch-nordischen Mythologie* (GA 121) –, da charakterisierte er auch eindringlich die Gefahren, die von dem Fenriswolf in unserer Zeit ausgehen. Die Götterdämmerung der *Edda* ist im 20. Jahrhundert dramatische Gegenwart und Realität geworden und damit auch der Kampf Odins mit dem Fenriswolf. «Alle diese Einzelheiten, die in der Götterdämmerung hingestellt sind, werden dem entsprechen, was in einer neuen, in die Zukunft wirklich hineinweisenden Äthervision vor der Menschheit stehen wird. Zurückbleiben wird der Fenriswolf. Oh, darin, dass dieser Fenriswolf zurückbleibt im Kampfe gegen Odin, verbirgt sich eine tiefe, tiefe Wahrheit. Es wird in der nächsten Zukunft der Menschheit nichts so sehr gefährlich werden, als wenn der Hang, beim alten, nicht durch neue Kräfte entwickelten Hellsehen zu bleiben, die Menschen dazu verführen könnte, stehen zu bleiben bei dem, was das alte, astrale Hellsehen in Urzeiten geben konnte, nämlich solche Seelenbilder wie der Fenriswolf.»[9]

9 Rudolf Steiner, *Die Mission einzelner Volksseelen im Zusammenhange mit der germanisch-nordischen Mythologie,* GA 121, Dornach [6]2017, S. 206.

Was ist das alte, nicht durch neue Kräfte entwickelte Hellsehen? Was für eine Gefahr entsteht da für die Menschheit in der Auseinandersetzung mit dem Fenriswolf? Aus der Perspektive Rudolf Steiners heißt es am 17. Juni 1910 in Oslo: «Mit furchtbarer Gewalt würden sich rächen solche Überbleibsel alten Hellsehens, die mit allerlei chaotischen Bildern die Anschauungen der Menschen verwirren könnten. Einem solchen Hellsehen könnte nicht mit demjenigen begegnet werden, was selber aus alter Hellseherkraft entstand, sondern nur mit dem, was während des Kali Yuga als gesunde Kraft zu einem neuen Hellsehen herangebildet worden ist. Nicht dasjenige, was an Kraft der alte Erzengel Odin gegeben hat, nicht die alten hellseherischen Kräfte können retten; da muss etwas weit anderes kommen.»[10]

Der «alte Erzengel Odin» hat der Menschheit Kräfte gegeben, die mit dem alten Hellsehen zusammenhängen. Durch diese alten hellseherischen Kräfte konnten die Menschen die geistige Welt, das heißt die Götter und ihr Tun, wahrnehmen, *ohne* dass sie dafür in ihrem individuellen Ich-Bewusstsein voll entwickelt waren. Diese Bilder wurden ihnen gegeben, gleichsam geschenkt; die übersinnlichen Eindrücke stellten sich ein. Das freie selbstständige Ich war noch nicht erwacht in den Menschen. Durch die zunehmende Abtrennung von der geistigen Welt und der damit einhergehenden Individualisierung der Menschen verschwanden die Götter immer mehr aus dem Bewusstsein der Menschen (das ist auch ein Aspekt der Götterdämmerung). Im 19. Jahrhundert erreichte diese kollektive und konstitutionelle Abtrennung vom Geistigen ihren Höhepunkt. Mit Ablauf des Kali Yuga, des finsteren Zeitalters, im Jahre

10 Ebenda.

1899 öffneten sich die Tore zur geistigen Welt allerdings wieder neu. Nun sollen wir uns auf eine neue Weise ins Geistige erheben und dabei die Errungenschaften des freien und individuellen Ich-Wesens bewahren und weiterentwickeln. Dafür brauchen wir andere, neue Kräfte – nicht die alten Odin-Kräfte, die gewissermaßen erschöpft sind, was die Vernichtung Odins durch den Fenriswolf eindrücklich bezeugt. Rudolf Steiner schlägt hier in Anknüpfung an die *Edda* die Verbindung zu Widar: «Dieses andere aber kennt die germanisch-nordische Mythologie. Von dem weiß sie, dass es vorhanden ist. Sie weiß, dass die Äthergestalt lebt, in der sich inkarnieren soll dasjenige, was wir wiedersehen sollen als ätherische Christusgestalt. Und dieser erst wird es gelingen, auszutreiben, was an ungeklärter hellseherischer Kraft die Menschheit verwirren wird, wenn Odin nicht vernichtet den Fenriswolf, der nichts anderes repräsentiert als die zurückgebliebene Hellseherkraft. Widar, der sich schweigend verhalten hat während der ganzen Zeit, der wird den Fenriswolf überwinden. Das sagt uns auch die Götterdämmerung.»[11]

Wenn wir mit diesen Aussagen Rudolf Steiners umgehen, stellt sich die Frage: Wie hat die «zurückgebliebene Hellseherkraft» im 20. Jahrhundert und bis in unsere Zeit des 21. Jahrhunderts herein sich ausgewirkt? Kann man die Wirkungen des Fenriswolfs im Zeitgeschehen beobachten? Welche Phänomene treten uns da entgegen?

Wir denken dabei vor allem an die schon angesprochene Medienwelt, eine durch Elektrizität bewegte Bilder- und Tonwelt. Angefangen mit dem noch verhältnismäßig harmlos wirkenden Grammophon und den ersten Stummfilmen (die

11 Ebenda.

Rudolf Steiner schon miterlebte und äußerst kritisch kommentierte), hin zur weltweiten Ausbreitung des Fernsehens ab der Mitte des 20. Jahrhunderts, bis zum World Wide Web, das nun die ganze Erde elektronisch-untersinnlich umspannt, führt ein direkter Weg. Eine bewegte und tönende Bilder- und Informationsflut droht die Menschheit sintflutartig in einen Abwärtsstrudel zu reißen. Manfred Spitzer hat 2012 diese Problematik unter dem Stichwort *Digitale Demenz* aufrüttelnd in die Öffentlichkeit gebracht. Er schreibt beispielsweise: «Digitale Medien – Computer, Smartphones, Spielkonsolen und nicht zuletzt das Fernsehen – verändern unser Leben. In den USA verbringen Jugendliche mittlerweile mehr Zeit mit digitalen Medien – gut siebeneinhalb Stunden täglich – als mit Schlafen, wie eine repräsentative Studie mit mehr als zweitausend Kindern und Jugendlichen im Alter von acht bis achtzehn Jahren ergab. In Deutschland liegt die Mediennutzungszeit von Neuntklässlern bei knapp 7,5 Stunden täglich, wie eine große Befragung von 43 500 Schülern ergab. Das Nutzen von Handys und MP3-Playern ist dabei noch nicht mitberücksichtigt.»[12]

Der gierige Rachen des Fenriswolfs ist weit aufgerissen – Geldgier steht bei dieser Entwicklung sicher an vorderster Stelle, aber auch Informationsgier, Scheinbefriedigung durch Computerspiele und Internet-Pornografie sowie überhaupt digitale Süchte. Manfred Spitzer schreibt weiter: «Es heißt, dass die neuen Medien heute eben zum Alltag gehören und wir die Kinder an sie gewöhnen müssen. Dem muss entgegnet werden: Neue Medien haben wie Alkohol, Nikotin und andere Drogen ein Suchtpotenzial. Computer- und Internetsucht sind hierzu-

12 Manfred Spitzer, *Digitale Demenz,* München 2012, S. 11.

lande mittlerweile häufig auftretende Phänomene mit verheerenden Folgen für die Betroffenen.»[13]

Spitzer entlarvt auch all die öffentlichen Falschmeldungen und Fehlmeinungen bezüglich der digitalen Technik, zum Beispiel: «Nach den vorliegenden wissenschaftlichen Erkenntnissen braucht man einen Computer zum Lernen genauso dringend wie ein Fahrrad zum Schwimmen oder ein Röntgengerät, um Schuhe auszuprobieren. Weil jedoch gerade sozial schwache Familien permanent erzählt bekommen, wie wichtig ein Computer für das Lernen sei, kaufen vor allem diese von ihren ohnehin geringen Ersparnissen ein Gerät – letztlich aus Sorge um die Zukunft der Kinder – und bewirken damit genau das Gegenteil dessen, was sie für ihre Kinder wollen: bessere Bildungschancen. Denn Computer fördern nicht die Bildung der jungen Menschen, sondern verhindern sie eher ...»[14]

Diese Scheinwelt der Bilder verdrängt – oder im Bilde des Fenriswolfs verschlingt – eine in allen Menschen veranlagte Fähigkeit, die ein erster Schritt in die Zukunft des neuen Hellsehens ist: die Imagination. Neues Hellsehen meint, dass wir der geistigen Seite der Welt, die für die Sinnesorgane unsichtbar ist, die Immanuel Kant das «Ding an sich» nannte, ebenso real ansichtig werden, in dieser Welt uns ebenso zu Hause fühlen und bewegen, wie wir es alltäglich in unserer sinnlich erfassbaren Welt tun. Der erste Schritt in diese neue Wirklichkeit tritt als eine Fülle farbiger, bewegter, sich ständig verändernder Bilder in unser Bewusstsein. Nach Rudolf Steiner betreten wir mit der Imagination die elementare oder auch ätherische Welt. In ihr lebt und wirkt Widar, in ihr wirkt auch Christus. Bei-

13 Ebenda, S. 20.

14 Ebenda, S. 23.

den können wir in der Imagination hier real begegnen. Diese Bilderwelt verstellt der Fenriswolf und stellt ihr eine technisch erzeugte gegenüber, die Magie ausübt, worauf Spitzer mit der Suchtproblematik hinweist. Eine Bilderwelt, die mir gegeben wird, die ich nicht wie bei der Imagination aktiv durch Seelenübungen erarbeite. Interessant, dass Ähnliches in der Medizin geschieht, wenn durch bildgebende Verfahren wie Ultraschall, Computer- oder Magnetresonanztomographie Bilder vom Leib technisch erzeugt werden, die eine vom Arzt direkt erzeugte innere Bilderwelt verdrängen, welche er durch eigene Untersuchung am Menschen hervorbringen kann.

Auch in anthroposophischen Zusammenhängen kann einem immer wieder die Auffassung begegnen, man müsse eben mit der Zeit gehen, Rudolf Steiner sei ein Freund des technischen Fortschritts gewesen, und man könne sich als Zeitgenosse doch nicht der Entwicklung der Mediengeräte entziehen. Wir möchten an dieser Stelle nur auf ein Grundlagenwerk zu diesem Thema aufmerksam machen, und zwar die Dokumentation *Rudolf Steiner über die technischen Bild- und Tonmedien* von Werner Schäfer.[15] Aus diesem Buch geht einwandfrei hervor, dass Rudolf Steiner deutlich zwischen einer in gewissen Grenzen förderlichen Maschinentechnik auf der einen Seite und einer menschenfeindlichen Medientechnik auf der anderen Seite unterschieden hat. Eine Aussage Steiners sei zitiert, die unserer Auffassung nach direkt mit dem Wirken des Fenriswolfs zusammenhängt: «Den Dingen gegenüber, die für die mechanische Verrichtung der Menschendienste in die Welt eintreten, wird sich die Menschheit selber helfen können. Und so kann man schon sagen: gegen all das, was von Auto, Schreibmaschine

15 Verein für Medienforschung und Kulturförderung, Bremen [4]2002.

und so weiter auftritt, wird sich die Menschheit selber helfen können. Anders liegt die Sache – verzeihen Sie, dass ich mit diesem scheinbar Trivialen abschließe – beim Grammophon. Beim Grammophon ist es so, dass die Menschheit in das Mechanische die Kunst hereinzwingen will. Wenn die Menschheit also eine leidenschaftliche Vorliebe für solche Dinge bekäme, wo das, was als Schatten des Spirituellen in die Welt herunterkommt, mechanisiert würde, wenn die Menschheit also Enthusiasmus für so etwas, wofür das Grammophon ein Ausdruck ist, zeigen würde, dann könnte sie sich davor nicht selber helfen. Da müssten ihr die Götter helfen.»[16] Das Perfide und Raffinierte der Medientechnik besteht darin, dass sie «angenehm» und «schön» erscheint, ja als Ausdruck von Kultur und Bildung (Filme, Musik, Nachrichtensendungen), zugleich aber werden die Sinne der Menschen, vor allem Auge und Ohr, permanent getäuscht. Wir gewöhnen uns an eine Scheinwelt, betrieben mit untersinnlichen, das heißt nicht sinnlich wahrnehmbaren, elektromagnetischen Kräften. Seit der Zeit Rudolf Steiners ist diese Entwicklung der Medienmaschinen in Riesenschritten weitergegangen; die schädigenden Folgen für das menschliche Sinnes- und Seelenwesen sind unabsehbar groß geworden.[17]

16 Rudolf Steiner, *Initiations-Erkenntnis,* Vortrag vom 29.8.1923, GA 227.

17 Siehe dazu auch die umfangreiche Forschungsarbeit von Paul Emberson, *Von Gondhishapur bis Silicon Valley,* Band I (2012) und Band II (2017). Außerdem von Anton Kimpfler, *Okkulte Umweltfragen* (1982) und *Die elektronische Seuche* (1985).

Widar tötet den Fenriswolf

Widar hat auch noch eine andere Seite in seinem Wesen. Er ist nicht nur der friedliche, schweigende Ase, der sich zurückhält. Er ist auch nicht nur der Gott, der im entscheidenden Moment während der Götterdämmerung Widerstand leistet durch seinen mutigen «Widar-Stand», stehend mit seinem Schuh in dem geöffneten Rachen des Fenriswolfs. Widar ist auch der entschiedene Rächer seines Vaters Odin. Widar tötet den Fenriswolf. Schon in der «Völuspa» – dem ersten und ältesten Götterlied der *Edda* – heißt es:

«Nicht säumt Siegvaters erhabner Sohn
Mit dem Leichenwolf, Widar, zu fechten:
Er stößt dem Hwedrungssohn den Stahl ins Herz
Durch gähnenden Rachen: So rächt er den Vater.»[18]

Widar stößt den Stahl ins Herz des Fenriswolfs, durch seinen Rachen hindurch, und besiegt ihn damit. In «Vafthrudnismal» heißt es leicht variiert:

«Der Wolf erwürgt den Vater der Welten:
Das wird Widar rächen.
Die kalten Kiefer wird er klüften
Im letzten Streit dem starken.»[19]

Hier wird schon prophetisch auf die Überwindung des Fenriswolfs durch Widar gewiesen – er klüftet den kalten Kiefer. Und bei der Schilderung der Götterdämmerung in «Gylfaginning» – in der jüngeren *Edda* – heißt es über Widars Kampf

18 *Die Edda,* S. 20.

19 Ebenda, S. 39.

mit dem Fenriswolf: «Mit der Hand greift Widar dem Wolf nach dem Oberkiefer und reißt ihm den Rachen entzwei, und wird das des Wolfes Tod.»[20]

Das heißt, zu Widars Wirken gehört auch die entschlossene und mutige Überwindung des Fenriswolfs, der Sieg über das Böse. Zwei Bilder gibt uns die *Edda* dafür: den Stoß mit dem Stahl in das Herz des Fenriswolfs sowie das Entzweireißen seines Rachens mit der Hand. Wie kann man diese Bilder und Vorgänge verstehen? Zur brennenden Frage kann es vor allem werden, wie sich das Friedliche und Gewaltfreie im Wesen Widars zu dieser rächenden und todbringenden Aktion verhalten?

Die von Widar über lange Zeiten zurückgehaltenen Kräfte – die aufgesammelten Reste – kommen in einem entscheidenden Moment mit geballter Energie zum Einsatz. Der Stoß ins Herz trifft todbringend, während der Widar-Schuh den Kiefer, das Maul des Fenriswolfs offen hält. Der Stoß ins Herz könnte als das treffende Wahrheitswort verstanden werden, das alle Lüge, alle Verdrehung und Manipulation – heute würde man sagen fake news – besiegt. Der gierige Rachen, der alles verschlingen will, wird entzweigerissen. Widar stellt sich dabei selbst ganz hinein in diesen Rachen. Mutig begibt er sich mit seinem ganzen Sein an den Ort des dramatischen Geschehens. Ist das nicht ein Vor-Bild für den freien Menschen, der sich ganz und gar hineinbegibt in den Kampf mit dem Bösen, sich selber nicht schonend?

Hier, im entscheidenden Moment, hilft nicht das Schweigen, die bloße Zurückhaltung und das Abwarten, sondern die dadurch gewonnenen Kräfte müssen nun zielsicher eingesetzt werden. Auch das können wir von Widar lernen: Wenn Odin

20 Ebenda, S. 310.

verschlungen wird, das heißt alte Erzengelkräfte, die mit der Entwicklung der Sprache zu tun haben, nicht mehr tragfähig sind, dann müssen die neuen Widar-Kräfte die Dunkel- und Lügenmacht des Fenriswolfs besiegen. Über diesen kritischen Punkt hinaus darf der Fenriswolf nicht wüten. Seine Zeit ist abgelaufen. Denn ein neues Zeitalter hat begonnen.[21] Die Überwindung des Fenriswolfs ist sicherlich ein Bild für eine weite Zukunft, kein einmaliger Akt. Für uns scheint heute, am Beginn des 21. Jahrhunderts, vor allem das Offenhalten des Mauls des Fenriswolfs die entscheidende Tat Widars zu sein. Dadurch entsteht gleichsam ein Tor, durch das wir in die Zukunft schreiten können. In der Zukunft werden auch wir, gemäß dem Vorbild Widars, den Sieg über den Fenriswolf erringen.

21 Es sei hier auch auf den 2020 in zweiter Auflage erschienenen Sammelband *Aus Widars Wirken* verwiesen, der viele Darstellungen und Ausführungen über Widar und die «Wegbereitung einer Zukunftskultur» enthält. Herausgegeben von Steffen Hartmann, Anton Kimpfler und Torben Maiwald, 2., erweiterte Auflage, Hamburg 2020.

II. Widar, Michael und Christus

Das Zusammenwirken dieser drei Geistwesen ist unabdingbare Grundlage für das Fortschreiten der Menschheitsentwicklung im Sinne der gottgewollten Schöpfung. Wobei der Impuls ihres Wirksamwerdens von uns Menschen ausgehen kann und muss, weil unsere freie Entscheidung von ihnen gefordert wird. Alle drei – Widar, Michael und zentral der Christus – haben sich uns in der Ausbildung der Freiheit innig verbunden. Christus ist bis in das Fleischwerden eines Menschen, des Jesus von Nazareth, aus seinen kosmischen Höhen herabgestiegen, ist durch das Erleben von Sterben und Tod gegangen und ließ in der Auferstehung einen neuen Menschenleib entstehen, der dem sich ihm verbindenden Menschen-Ich die Möglichkeit gibt, ein freies und individuelles Geistwesen zu werden. Michael hat sich dieser Christus-Tat verbunden, worüber Rudolf Steiner in dem letzten Drittel seines Lebens tiefe Einblicke vermittelte. Einen Höhepunkt bilden hier die sogenannten Michaelbriefe, die er auf dem Krankenlager kurz vor seinem Tod niederschrieb, und die heute allen Menschen zugänglich sind (in GA 26). Der Dritte im Bunde – Widar – ist dagegen recht unbekannt geblieben, weshalb in unserer Darstellung immer wieder mit ihm begonnen werden soll. Von Widar aus blicken wir auf Michael und Christus.

Widar

Dieser in der nordischen Mythologie beheimatete Gott wurde im ersten Kapitel ausführlich beschrieben. Hier soll nun der Blick auf seine Verbundenheit mit der Menschheitsaufgabe des Christus gerichtet werden, und auch darauf, wie er im Verhältnis zu Michael steht. Diese drei Wesenheiten sind hierarchisch unterschiedlich gestuft. Es kann erlebbar werden, wie sie eine geistige Gemeinschaft bilden, die Vorbild auch für zukünftige Menschengemeinschaften werden kann. Ihr Zusammenwirken wird von einem gemeinsamen Ziel bestimmt. Und wie im Organismus jede Zelle und jedes Organ Anteil am Ganzen haben, so auch hier bei dieser erhabenen Geistgemeinschaft (und ihren Helfern), immer in Bezug auf die gemeinsame Aufgabe: Wächter der Entwicklung des freien, sich selbst bestimmenden Menschen zu sein.

Widar wirkt als Engel und ist so dem Menschen am nächsten. Der Sonnenerzengel Michael steht eine hierarchische Stufe höher, und Christus ist ein alle Hierarchien übergreifendes Wesen der göttlichen Trinität. Er wirkt so durch verschiedene Hierarchien, dass er wie ein Teil von ihnen erscheint, zum Beispiel mit den Geistern der Form oder Exusiai. Michael wiederum ist in unserer Zeit als für die ganze Menschheit verantwortlicher Zeitgeist auf der Stufe der Archai wirksam. Er ist Erzengel, schafft jedoch aus der höheren Ebene der Archai. Ähnliches kann von Widar gesagt werden: Er «vertritt» Michael in manchen Aufgaben eines Erzengels, obwohl er seine Menschennähe durch sein Engelsein beibehält. Durch die enge Verbundenheit der Drei in ihrem Wirksamwerden für uns Menschen impulsieren sie die vier uns nächststehenden Hierarchien: Engel (Angeloi), Erzengel (Archangeloi), Geister der Persönlichkeit (Archai) und die Geister der Form (Exusiai).

Widar ist schon seit langen Zeiten Begleiter des Christus-Wesens auf seinem Wege zur Vereinigung mit uns Menschen. Rudolf Steiner beschreibt drei geistige Vorstufen des Mysteriums von Golgatha, an denen Widar mitwirkte, wobei diese Aussage so nicht bei Steiner zu finden ist; sie kann sich aber aus dem Verständnis des Wesens Widars ergeben. Von der Zeit an, als die Geister der Form, die Exusiai, in der lemurischen Epoche den damaligen, sich seiner noch ganz unbewussten, von seiner Umgebung bestimmten Menschen mit dem Ich begabten, versuchten Gegenkräfte, Widersacher, die so impulsierte Menschenentwicklung zu verhindern oder in ihr Unordnung zu stiften. Drei Mal musste die kosmische Christus-Wesenheit eingreifen, um eine Gegenkraft zu schaffen, durch die der ursprünglich gewollte Entwicklungsgang richtig verlaufen konnte. Diese Eingriffe nennt Rudolf Steiner *Vorstufen zum Mysterium von Golgatha.*[22] Und jedes Mal wirkte ein Engel- oder Erzengelwesen mit, in das Christus diese gesundende Arznei gegen das Unordnungschaffen der Widersacher hineingoss und es damit für die Menschheit, für jeden Menschen wirksam werden ließ. Dieses Geistwesen wird in einer vierten Vorstufe des Mysteriums von Golgatha dann zum Menschen als der lukanische oder nathanische Jesusknabe, durch den die leiblichen Voraussetzungen für die dreißig Jahre später erfolgende Inkarnation Christi bei der Jordantaufe geschaffen wurden. Dieses Engel-Menschenwesen war zurückgehalten worden, als der Sündenfall, die Sonderung des Menschen vom Göttlichen

22 Siehe hierzu die Vorträge Rudolf Steiners, *Vorstufen zum Mysterium von Golgatha,* GA 152.

geschah. Es wurde damit zum Träger der Unschuld und begleitete den Gang der Menschen aus kosmischen Weiten. Dieses Unschuldswesen hat der Engel Widar so innig begleitet, dass es schwerfällt, ihn und den späteren Jesusknaben auseinanderzuhalten. Das verdeutlicht vielleicht auch, warum Rudolf Steiner in seinen Darstellungen zugleich von einem sich opfernden Engel- *und* Erzengelwesen spricht.

Widar ist, folgt man der nordischen Mythologie, auch in der Unschuld verblieben. Wohl als Einziger der Asengötter wurde er nicht in die Blutsbrüderschaft seines Vaters Odin mit Loki hineingezogen, stand abseits, schweigend-wahrnehmend, nicht jedoch handelnd. So wurde er der Gott, der die Götterdämmerung überdauerte und schließlich das furchtbare Geschöpf Lokis, den Fenriswolf, der seinen Vater Odin verschlungen hatte, besiegen konnte. Widar hat größten Anteil daran, dass die Menschheit Zukunft haben kann, und dass sie sich der ursprünglichen Unschuld wieder verbindet, nachdem sie auf ihrem Wege des Schuldigwerdens die Kraft der Freiheit erwerben konnte. Wir sind als Menschheit mitten in diesem Geschehen, das Ziel ist noch weit entfernt, und so bleibt Widar bei Christus, der sich dem Menschen als Gottessohn verbunden hat, «bis an das Ende der Zeiten». Denn der Kampf mit den Widersachern setzt sich fort, er ist noch lange nicht gewonnen, wie in einem späteren Kapitel dargestellt werden wird. Und so können wir davon ausgehen, dass es auch «Nachstufen» des Mysteriums von Golgatha geben wird, an denen Widar mitwirkt.

In der Begleitung des Christus vor dem Mysterium von Golgatha ist Widar gewissermaßen ein heidnisches, das heißt vorchristliches Wesen. So lebt er auch im Wissen der nordischen Mythologie. Nach Golgatha hat sich dann etwas verändert, was Rudolf Steiner so beschreibt: «Vor dem Mysterium von Golgatha hat die Menschheit die beseelte, durchgeistigte Natur geschaut. Nach dem Mysterium von Golgatha muss die Menschheit darnach streben, dass die beseelte, durchgeistigte Natur die Gefolgschaft des Christus bildet, dass die Naturgeister alle gesehen werden in der Gefolgschaft des Christus, denn ohne ihn können sie nicht gesehen werden. Das aber ist angedeutet gerade hier, indem hingewiesen wird das Volk hier darauf, dass aus der Schar der alten Geistwesen Widar wieder erscheinen werde in neuer Gestalt, Widar, nachdem er sich selber zum Christentum bekehrt hat, wieder erscheinen wird aus der Schar der alten Gotteswesen.»[23]

Hier schildert Steiner ganz entscheidende Aspekte von Wesen und Tätigkeit Widars. Zuvorderst den Aspekt, dass Widar in neuer Gestalt erscheinen wird, nachdem er sich selber zum Christentum bekehrt hat. Er geht aus seiner alten Gestalt eines heidnisch-germanischen oder nordischen Gottes über in eine dem Christentum verbundene. Und es ist eindeutig, dass hiermit kein konfessionelles Christentum gemeint ist, sondern die Aufgabe, Botschaft und Wesen des Christus allen Menschen zuzuströmen, unabhängig von Volk, Rasse und Religion. Anschaulich wird auch die Hoheit Widars, der nicht bekehrt wird, sondern sich selbst bekehrt! Da ist auch ein Element von Freiheit erlebbar. Und er kommt in einer neuen Gestalt, was vielleicht ein zarter Hinweis auf seinen Aufstieg vom Engel zur Erzengelwesenheit ist. Doch darüber hinaus bildet Widar eine Gestalt, durch die sich Christus ab dem 20. Jahrhundert den Menschen sichtbar machen wird. Noch einmal Rudolf Steiner:

23 Rudolf Steiner, *Menschenwesen, Menschenschicksal und Welt-Entwickelung,* Vortrag vom 21.5.1923 in Oslo, GA 226, Dornach 1988, S. 120.

«Nicht dasjenige, was an Kraft der alte Erzengel Odin gegeben hat, nicht die alten hellseherischen Kräfte können retten; da muss etwas weit anderes kommen. Dieses andere aber kennt die germanisch-nordische Mythologie. Von dem weiß sie, dass es vorhanden ist. Sie weiß, dass die Äthergestalt lebt, in der sich inkarnieren soll dasjenige, was wir wiedersehen sollen als ätherische Christusgestalt. Und dieser erst wird es gelingen, auszutreiben, was an ungeklärter hellseherischer Kraft die Menschheit verwirren wird, wenn Odin nicht vernichtet den Fenriswolf, der nichts anderes repräsentiert als die zurückgebliebene Hellseherkraft. Widar, der sich schweigend verhalten hat während der ganzen Zeit, der wird den Fenriswolf überwinden. Das sagt uns auch die Götterdämmerung.»[24]

Widar bildet mit an der Gestalt, durch die Christus uns Menschen in seiner der Erde verbundenen und sie belebenden Äthergestalt neu sichtbar werden kann. Das beginnt in unserer Zeit, genauer ab dem zweiten Drittel des 20. Jahrhunderts (Steiner nennt insbesondere die Jahre 1933-35-37, am 25.1.1910, in GA 118), und wird sich über einen langen Zeitraum von etwa drei Jahrtausenden fortsetzen. Das schafft dann das neue Hellsehen, das im vollen Ich-Bewusstsein entwickelt und sich mit Widars Hilfe besonders an der Natur und ihren Wesen ausbilden wird.

Ein weiterer Aspekt des Wesens von Widar ist: Er wirkt durch die Natur in ihrer vielfältigen Ausgestaltung. Zielt Michaels Blick auf den Menschen, führt Widar uns in die Natur. In der Mythologie hat er als einziger Gott keinen Palast, keinen Tem-

24 Rudolf Steiner, *Die Mission einzelner Volksseelen im Zusammenhang mit der germanisch-nordischen Mythologie,* GA 121, Dornach ^{6}2017, S. 206.

pel. Er lebt im «weiten Land» als ein Bild für den Außenraum der Natur, entgegen dem selbst vom Menschen geschaffenen Innenraum. Und er ist der schweigsame Gott, was ihn mit Michael verbindet, wie noch dargestellt werden soll. Er wartet ab, kann abwarten und schweigen! Diese Tugend, die Dinge reifen zu lassen, sie nicht voreilig auszusprechen, ist sehr bedeutsam für alle zukünftige Wissenschaft, sowohl von der Natur als auch vom Geist. Und damit stoßen wir auf einen weiteren Aspekt Widars: die Zukunft. Widar verwaltet die Zukunftskräfte, die sich auch in allem Ungeborenen, in der Ungeborenheit äußern, der das dritte Kapitel gewidmet sein wird. Wir können auch sagen: Widar ist der Herr der Zukunftskräfte auf Erden und wirkt so aus der Kraft des Heiligen Geistes.

Im geografischen Bilde gesprochen: Widar wirkt von Norden nach Süden, so wie Michael in der Ost-West-Richtung wirkt. Dabei entsteht ein ätherisches Kreuz. Michael führt geistige Entwicklungslinien aus der Menschheitsvergangenheit konsequent weiter. Widar lässt Neues und Zukünftiges einströmen. Die Begegnung beider führt zu einer Art Ich-Kreuzung und Mitte-Bildung. Wie können wir Menschen uns damit bewusst verbinden?

Eine weitere Perspektive kann auch so angesprochen werden: Michael wirkt im Denken, dem physiologisch-organisch das Nervensystem dient; Widar wirkt durch den Willen, der im Stoffwechselsystem seine physiologisch-organische Grundlage hat. Beide jedoch dienen dem vermittelnden Wesen des Christus, der in dem rhythmischen System ständig ausgleichend wirkt, Gleichgewicht herstellend von Denken und Willen, indem er diese beiden polaren Seelenkräfte durchdringt und erwärmt mit einem freien Fühlen, dessen leiblicher Träger Empfindung ist. «Sie will dem Denken / Zur Klarheit Wärme schenken», heißt es im vierten österlichen Wochenspruch des *Seelenkalenders* von Rudolf Steiner. Und wir können ergänzen: «Dem Willen zur Wärme, zu seinem Feuer, Klarheit und Struktur schenken.» Mit Christus denken, heißt immer ein vom Fühlen oder Mitempfinden durchwebtes Denken. Mit Christus handeln, heißt immer ein von Empathie getragenes Handeln.

Alle hier aufgezeigten Aspekte des Wesens Widars machen anschaulich, wie eng verbunden er Christus ist, wie er ihm dient, den Menschenfortgang zu sichern, wie er im Überwinden des Fenriswolfs die Zukunft offenhält – das offen gehaltene Maul, das von der Erde bis zum Himmel reicht. Wie aber ist seine Stellung zu Michael?

Michael

Michael wird von Rudolf Steiner umfassend und aus vielen Blickrichtungen beschrieben. Da hier die Sendung Widars im Mittelpunkt steht, sollen allerdings nur einige ausgewählte Aspekte der Michael-Wesenheit entwickelt werden. Steiner führte am 13. Januar 1924 über Michael aus: «Aber Michael ist eben eine eigenartige Wesenheit. Michael ist eine Wesenheit, die eigentlich nichts offenbart, wenn man ihr nicht aus emsiger geistiger Arbeit von der Erde aus etwas entgegenbringt. Michael ist ein schweigsamer Geist. Michael ist ein in sich verschlossener Geist. Während die anderen der regierenden Erzengel vielredende Geister sind – im geistigen Sinne natürlich –, ist Michael ein durchaus verschlossener Geist, ein wenig redender Geist, der höchstens spärliche Direktiven gibt. Denn das, was man von Michael erfährt, ist eigentlich nicht das Wort, sondern –

wenn ich mich so ausdrücken darf – der Blick, die Kraft des Blickes. Und das beruht darauf, dass eigentlich Michael sich am meisten zu tun macht mit demjenigen, was die Menschen aus dem Geistigen heraus schaffen. Er lebt in den Folgen des von den Menschen Geschaffenen. Die anderen Geister leben mehr in den Ursachen, Michael lebt mehr mit den Folgen. Die anderen Geister impulsieren im Menschen dasjenige, was der Mensch tun soll. Michael wird der eigentlich geistige Held der Freiheit sein. Er lässt die Menschen tun, aber nimmt dann das, was aus Menschentaten wird, auf, um es weiter fortzutragen im Kosmos, um dasjenige, was Menschen damit noch nicht wirken können, weiterzuwirken im Kosmos.»[25] Welche Fülle dieses geistigen Wesens!

Deutlich wird in dem Schlussgedanken Michaels kosmische Verantwortlichkeit für die Kräfte und Folgen des durch Menschen Geschaffenen, des von Menschen geistig Getanen, vielleicht nicht so sehr des noch zu Tuenden, mit dem sich dann Widar verbindet. Darin wird Michaels Verbundenheit mit dem Karma, dem Schicksalsgesetz deutlich. Er richtet die Taten mit ihren Folgen, die karmisch auf den Menschen rückwirkend zu neuen Ursachen werden. So wirkt Vergangenes auf Zukünftiges – ein wichtiger Blick auf das Zusammenwirken Widars mit Michael. Denn «richten» ist hier mehr als Beurteilung durch einen Richter, als der Michael mit der Weltenwaage oft dargestellt wird. Es heißt auch, eine *Richtung* geben, die Folgen einer Tat mit einem kosmischen Impuls zu versehen, aus ihnen Fortschritt, Fortschreiten werden zu lassen. Im Unterschied zu den anderen Zeitgeistern lässt uns Mi-

25 Rudolf Steiner, *Mysterienstätten des Mittelalters,* GA 233a, Dornach 1991, S. 93 f.

chael in der Motivbildung (Verursachung) unseres Handelns gänzlich frei. Wir sollen die Antriebe des Handelns ganz aus uns selber schöpfen. Erst wenn wir frei und mutig gehandelt haben, *dann* kommt er uns mit seiner Wesenskraft entgegen. In dieser Zurückhaltung liegt sein ernstes Schweigen, seine Verschlossenheit begründet.

Zwei wichtige Aussagen Steiners sollen das ergänzen. In *Die Theosophie des Rosenkreuzers* heißt es: «Wir sind die Sklaven der Vergangenheit, aber die Herren der Zukunft.»[26] Und in dem *Pastoral-Medizinischen Kurs* (GA 318) unterscheidet er vergangenes und zukünftiges Karma. Strömt ersteres über das Sinnes-Nerven-System in unseren Organismus, vermittelt letzteres sich durch die Lymphe! Die Lymphe wiederum ist ein tiefes Geheimnis im Organischen, entsteht sie doch aus einem Nichts, aus den Gewebszwischenräumen, ohne erkennbare Quelle, strömt aus allen Richtungen im Organismus zusammen, bildet kurz einen gemeinsamen Strom (Ductus thoracicus), und ergießt sich in den Venenwinkel (Angulus venosus) im Brustraum, um dann in dem Blut zu verschwinden, quasi zurück ins Nichts. Ein großartiges Bild für Widars Tätigkeit! Ebenso wie das ständig in sich zerfallende, dauernd im Sterben begriffene Nervensystem die Tätigkeit von Michael in unserer Leiblichkeit zum Ausdruck bringt. Er dient dem Herrn des Karma, dem Christus, mit den Kräften, die aus der Vergangenheit kommen und in denen der Vater oder Schöpfer der Welt lebt. Er bereitet das Feld, das weite Land, in dem dann Widar den Menschen begegnet. Hier strömt offene Zukunft ein.

Und Michael ist der Held der Freiheit, «der eigentlich geis-

26 Rudolf Steiner, *Die Theosophie des Rosenkreuzers,* Vortrag vom 31.5.1907, GA 99.

tige Held der Freiheit». Was für eine Fanfare, welches Vorbild für uns Menschen. Das hierher gehörende Seelenelement ist der Mut, und Mut ist eine besondere Kraft des Drachenbezwingers. Mut ist die Essenz des Geist-Selbst, eines freien, sich selbst erkennenden und tragenden Ich-Bewusstseins. Selbsterkennen und Selbstverwirklichen sind aktuelle Forderungen an das Menschsein. Ist es in diesem Zusammenhang nicht sprechend, dass in unserer Zeit in der Medizin ein Immunsystem entdeckt und beschrieben wird, dessen zentrales Handlungsgesetz lautet: «Das Selbst erkennt alles Nicht-Selbst», und von dem der schwedische Immunologe Prof. Dr. Hans Wigzell sagt, dass es in jedem Menschen einzigartig sei, von dem es keine Kopie gäbe?[27]

Freiheit ist ein tiefes Rätsel, sie ist existenziell mit dem werdenden Menschen verbunden, sie ist kein bloß gegebenes Element der Schöpfung, sondern ein Wagnis, zugleich Mut der Schöpfermächte zur Offenheit. Und verantwortlich für dieses Wagnis der Freiheit und ihre Bezogenheit auf die Menschheitsentwicklung ist Michael. Wurde er dazu beauftragt? Oder hat er sich – vergleichbar Widar, der «sich zum Christentum bekehrt hat» – selber dazu beauftragt? Nahm er das dem Menschen als zukünftige Hierarchie bestimmte Element der Freiheit ganz in sein kosmisches Wesen auf und geriet dadurch in Opposition zu den «anderen regierenden Erzengeln»?[28] Er hat sich dem kosmischen Träger der Freiheit, dem Christus, mit diesem Schritt zutiefst verbunden, ja verpflichtet. Das begründet das

27 Prof. Dr. Hans Wigzell, *Grundlagen der Immunologie,* Vortrag vom 1.9.1994, Järna.

28 Siehe hierzu die Ausführungen Rudolf Steiners in einem Karmavortrag vom 8.8.1924, in *Esoterische Betrachtungen karmischer Zusammenhänge,* GA 237.

Bild von einem wagemutigen Helden, wie Rudolf Steiner es so eindrücklich formulierte.

Michael ist ein schweigsamer Geist (eine Verwandtschaft mit Widar), ja er wird sogar als verschlossen bezeichnet. In anderem Zusammenhang spricht Rudolf Steiner auch von Strenge. Charakteristisch für ihn ist nicht das Wort, sondern der mahnende Blick. Mit ihm richtet Michael, gibt uns Richtung für unseren Weg, mit ihm zwingt er den Drachen unter seine Füße. Was für eine Kraft liegt doch im Blick. Das wird jeder schon in vielfältiger Art erlebt haben. Wie viel unmittelbarer kann ein Blick eine Situation klären als ein Wort oder eine Rede. Wie stark kann er erlebt werden, wenn ein hinter uns sitzender Mensch auf uns blickt, sodass wir uns schließlich nach ihm umdrehen müssen. Wie liebevoll kann uns ein Blick umfangen. Und welche Kraft hat der Augenblick! Wie wird das ganze Faust-Schicksal als Bild für den modernen Menschen in der Aussage gebündelt: «Werd' ich zum Augenblicke sagen: / Verweile doch! du bist so schön! / Dann magst du mich in Fesseln schlagen, / Dann will ich gern zugrunde gehen!»[29]

Wir sprechen auch von einem beredten Blick, der eben keine Rede, kein Wort braucht, der für sich spricht. Das alles ist die Art, wie Michael kommuniziert, zugleich uns Menschen gegenüber in der abwartenden Haltung, ob wir auf ihn zukommen, «ihm aus emsiger Arbeit etwas entgegenbringen», um uns von seinem Blick impulsieren zu lassen. Wie anrührend das Wort «emsig», das zu dem Bild der Ameise führt, deren

29 Johann Wolfgang von Goethe, *Werke, Dramatische Dichtungen I,* Band 3, Hamburger Ausgabe in 14 Bänden, kommentiert von Erich Trunz, Taschenbuchausgabe München 2000, S. 57.

Wesen ein Naturbild des unermüdlichen Fleißes ist. Womit wir wieder bei Widar wären, dem Lehrer geistigen Wirkens in der Natur. Michael wirkt über das Schauen (Blicken), so wie Widar durch das Hören und Lauschen.

Noch einige weitere Bilder aus *Die Sendung Michaels* (GA 194). Michael trägt Sorge, dass der Mensch unserer Zeit das Denken in der Zweiheit, das Duale, überwindet und zur Dreiheit, der Trinität, vordringt. Wie extrem sind wir heute gefesselt in dem Entweder-oder, wie beherrschend ist heute das binäre Denken, wie es sich in der elektronischen Scheinwelt der Computer, Bildschirme, Smartphones und den sogenannten sozialen Medien realisiert! Wie verfälschend wird in der Medizin von bildgebenden Verfahren gesprochen, wenn Ultraschall oder Computertomographie diagnostisch zur Anwendung kommen. Es sind Gegenbilder wahrer Imaginationen, sie entstehen unabhängig vom Betrachter und sind reine Abstraktionen ohne Wirklichkeit. Das lässt sich auch erleben an der Emotionslosigkeit, mit der sie wahrgenommen, eigentlich bloß registriert werden. Dualistisch ist auch das Trennen von Diesseits und Jenseits, von Gut und Böse, Licht und Finsternis, von Erde und Himmel, von Mann und Frau. Wirklichkeit entsteht erst, wenn das Verbindende und Vermittelnde entdeckt wird, ja, das einander Durchdringende. Das lebt im Wirken von Christus, er ist die gleichgewichtende Mitte in der Polarität, und Michael will uns Menschen dieses Wirken Christi in der Welt und auch in uns zur Anschauung bringen, es zu einer spirituellen Naturwissenschaft entwickeln, deren Lehrer wiederum auch Widar ist. Das Geistige in allem Stofflich-Materiellen zu entdecken, das Individuelle im Objektiven, bezeichnet Steiner als eine wirkliche Michael-Kultur.

Michael hat seit Urzeiten auf die Nachtseite des Schlafs gewirkt, zum Beispiel über das Eisen im Blut. Jetzt will Michael zum Tag-Geist werden, das Schlafbewusstsein, das uns mit den geistigen Wesenswirklichkeiten der Hierarchien verbindet, muss ein waches werden. Das ist eine Aufgabe der anthroposophischen Meditation, die kein mystisches Versenken, schon gar keine Bewusstseinsdämpfung meint, sondern im wachbewussten Denken ansetzt und dieses in ein gesteigertes «höheres» Bewusstsein hineinübt, das von den organischen Bedingungen des Leibes unabhängig macht und dessen Stufen Rudolf Steiner Imagination, Inspiration und Intuition nennt. Hierbei ist Michael unser Begleiter und Helfer, er weiß um die Widerstände und Abweichungen («Verführungen»), er lebt uns Strenge und Treue vor und macht uns auf diesem Wege zu seinen Schülern. Es ist ein altes, wenn auch heute meist missverstandenes Wort: die Nacht zum Tage zu machen. Das aber erwartet Michael von uns, diesen Impuls senkt er in unsere Herzen. Und ein Letztes aus diesen Vorträgen: Michael lenkt unseren Blick auf den Zukunftsmenschen, das heißt nicht auf den zu schauen, der wir schon sind, sondern auf den, der wir werden wollen. Wie oft hat Steiner darauf aufmerksam gemacht, dass wir den Menschen nicht verstehen können, wenn wir ihn nicht als Werdenden erleben. Das ist ein zentraler Gesichtspunkt für eine zukünftige Medizin. Wohin will eine Krankheit den Menschen entwickeln, die Frage: «Wozu willst du gesund, geheilt werden?» Die alte Medizin – noch bis in 19. Jahrhundert – sah die höchste Kunst des Arztes in der Prognose. Heute wird dieses Feld der Statistik überlassen, die niemals eine wirklichkeitsgemäße Zukunftsaussage für den konkreten, einzelnen Menschen treffen kann. In der individuellen Zukunftsfrage, die Michael an uns stellt, sehen wir einen weiteren Impuls, der von ihm zu Widar führt.

Das Zusammenwirken der Drei

Christus ist der Lenker aller Zukunftswege des Menschen und der Menschheit. Diese Aufgabe hat er übernommen und arbeitet im Auftrag seines Vaters, dem Ur-Schöpfer. Und er hat seine Helfer in vielfältigster Art, zu denen auch Menschen gehören, herausragend jedoch Michael und seit unserer Zeit mehr und mehr Widar, wenn auch dessen eigentliche Hauptwirkenszeit noch in der Zukunft liegt, die als sechste nachatlantische Kulturepoche unserer fünften folgt.

Christus ist – mit Goethe gesprochen – ein offenbares Geheimnis, einfach gesagt: ein Rätsel. Deshalb ist es unmöglich, vergleichbar den beiden vorausgegangenen Abschnitten über Widar und Michael, IHN zu beschreiben. Rudolf Steiners Anthroposophie ist die Vermittlerin, auf langen Wegen zu einem wirklichen Christus-Verständnis zu gelangen. Er hat dafür von einem Zeitraum von 3.000 Jahren gesprochen. Christus-Verständnis ist jedoch die Aufgabe unserer Zeit, die zugleich ein Michaelzeitalter ist, wo Michael als Zeitgeist Dirigent der Menschheitsentwicklung ist. Sein tiefstes Anliegen ist es, in uns Menschen ein Verständnis der Christus-Wesenheit zu entwickeln, in voller Freiheit, als aus uns sich gründendem Impuls.

Christus als Sohn ist das mittlere Wesen der göttlichen Trinität, die über alle neun Hierarchien hinausragt und diese zugleich bis in die menschennächste der Engel in sich trägt und durchdringt. Dabei ist es Christus, der lebendiges Bindeglied zwischen allen ist. Sein Wesen ist ein vermittelndes, Gegensätze ausgleichendes, Gleichgewicht schaffendes. Als kosmisches Geistwesen wird Christus von Rudolf Steiner auch der hohe Sonnengeist genannt; dort, wo er durch die Sonnenwesen der Elohim oder Geister der Form (Exusiai) wirksam wird. Hier steht er auch seinem Gegenbild, dem mächtigen Sonnendämon Sorat, auf den in einem späteren Kapitel noch zu schauen sein wird, gegenüber. Christus ist aber auch der Menschensohn, der sich für drei Jahre in einen Menschenleib und einer Menschenseele inkarnierte und für die sinnenfällige Welt sichtbare Erscheinung wurde, als Mensch unter Menschen wandelte, als Mensch dachte, fühlte und handelte, indem er sich zum Beispiel wie ein Mensch ernährte. Christus ist seit dem Mysterium von Golgatha der Erde und allen ihren Kreaturen so verbunden, wie er es zuvor der Sonne war, «dass auch sie einst Sonne werde» (Christian Morgenstern). Er hat sich der Schöpfungsidee verbunden, durch den Menschen das Element der Freiheit zu verwirklichen. Gerade diesem Aspekt des Christuswirkens haben sich Michael und Widar in besonderem Maße angeschlossen. Christus hat – und das ist für unsere Zeit von größter Bedeutung – die Freiheit mit der Wahrheit verknüpft: «Ihr werdet die Wahrheit erkennen, und die Wahrheit wird euch frei machen.» (Joh 8,32). Er benennt sich als der «ICH BIN». Er ist die Kraft der Selbsterkenntnis in uns, die wahrhaftig auf sich schaut, keine Schwäche beschönigt, aufrichtig mit sich selbst ist. Die Kraft zur Aufrechte des Menschen ist Christus-Kraft, ihr seelischer Ausdruck ist Aufrichtigkeit als Anteil an der Wahrheit. Die sieben ICH-BIN-Worte im Johannesevangelium fassen zusammen, in welchen Elementen Christus sich uns Menschen verbindet. So wie er sich mit der Erde verbunden hat, so auch mit uns Menschen. Alle sieben ICH-BIN-Worte umfassend ist das Wesen der Liebe, die er uns als Urboden aller Gemeinschaft vermitteln möchte, wenn er uns sein einziges Gebot nennt: «Liebet einander» (Joh 13,34). So soll auch die Erde der Planet der Liebe werden, die in unserer Zeit und schon durch lange vergangene Zeiten Kriege, Streit und Zerstörung erlebt. Michael steht ganz in der Aufgabe der Selbsterkenntnis, des Mutes, «ja» zu sich zu sagen, sich «immer strebend zu bemühen», der zu werden, der man sein will. Widar wiederum begegnet uns in unserem Willen, das Erkannte auch zur Handlung werden zu lassen. Erhellend ist in diesem Zusammenhang, dass unser Organ dafür die Leber ist, das Organ der Initiative. Das mit ihr verbundene Bild ist das des am Kaukasusfelsen angeschmiedeten Prometheus, der uns das Feuer brachte und Träger der Zukunft ist.

Wir können Widar auch als Wesens-Anteil der Michael-Kräfte verstehen, den Menschen zu Christus zu führen, was ja heißt, IHN in sich selbst zu entdecken, in Leib, Seele und Geist, aber auch außerhalb unseres Selbst, in der Natur, in Wind und Wolken, in Licht und Wärme der Sonne, im nächtlichen Leuchten der Sterne. Widar richtet treu den Blick auf Michael, beide schauen auf zu Christus, vereinen sich mit ihm in der Mission, die Menschheitsentwicklung zu ihrem gottgewollten Ziele zu führen. Ein noch langer Weg mit vielen und mächtigen Hindernissen, und immer im Bewusstsein, des Menschen Freiheit nicht einzugrenzen. Der besondere Anteil Widars an diesem Entwicklungsweg soll in diesem Buch immer deutlicher herausgearbeitet werden.

III. Widar und die Ungeborenheit

> «Wir gehen nicht nur als Unsterbliche durch die Todespforte – wir kommen als Ungeborene durch die Geburtspforte. Wir brauchen das Wort Ungeborenheit zu dem Worte Unsterblichkeit dazu, wenn wir den Menschen in seiner Wesenheit ganz erfassen wollen.»[30]
>
> *Rudolf Steiner*

Rudolf Steiner nennt als eine unserer Zeitaufgaben, die reale Verbindung mit den Verstorbenen zu schaffen, gleichsam eine «Brücke über den Strom» zu bilden. Der Gedanke kann, ja muss erweitert werden auf die noch Ungeborenen, deren Zukunft stark von uns Lebenden, die Erde und die sozialen Gemeinschaften Gestaltenden, abhängt. Mit der Ungeborenheit wird die Zukunftsfähigkeit, das zu Entwickelnde in jedem von uns, aber eben auch im ganzen Erdorganismus angesprochen. In der Knospe lebt die ungeborene Blüte, in ihr die ungeborene Frucht, in dieser durch den Samen wiederum die noch ungeborene neue Pflanze.

Das vorgeburtliche Leben ist sowohl individuell als auch gesamtmenschheitlich nicht so deutlich im Bewusstseinsfokus, wie es – zunehmend – das nachtodliche Leben der Seele ist. Die Unsterblichkeit, mithin die Frage, *was kommt nach dem Tod,* lässt wohl selbst eingefleischte Materialisten und Atheisten nicht ganz kalt. Die Frage, *was war vor der Geburt,* scheint

30 Rudolf Steiner, *Idee und Praxis der Waldorfschule,* GA 297, Dornach 1998, S. 206.

demgegenüber nicht ganz so vordringlich. Wir sind nun einmal da und wollen auf der Erde mit unseren Bedürfnissen befriedigt werden und uns verwirklichen. Eine vorgeburtliche Perspektive zu erlangen, ist aber für das wirkliche Menschsein auf Erden unerlässlich. Rudolf Steiner wies immer wieder darauf hin, wie in dem Zeitraum zwischen Tod und neuer Geburt die Götter an uns und mit uns schaffen. «Aber das, was wachsen kann durch eine solche Anschauung über das, was sich mit dem Menschen zwischen Tod und neuer Geburt abspielt, ist das menschliche Verantwortungsgefühl, das ihm sagt: Man muss schon recht sehr sich bestreben, es auch im irdischen Dasein wert zu sein, ein Mensch zu sein, wenn man die ganze Bedeutung des Menschseins ermisst an dem, was für die Götter das Arbeiten am Menschen zwischen Tod und neuer Geburt ist.»[31] Es ist eine großartige, tiefe Ehrfurcht hervorrufende Arbeit, zwischen zwei Inkarnationen den Geistkeim des eigenen künftigen Organismus – zusammen mit den höheren Hierarchien – auszuarbeiten: «In dem tätigen Erleben des Geistkeimes seines künftigen physischen Organismus hat der Mensch sein vorirdisches Dasein. Er bereitet selbst diesen Organismus vor, indem er in der geistigen Welt mit anderen Geistwesen an dem Geistkeim wirkt. Wie er während des Erdendaseins durch seine Sinne eine physische Umwelt vor sich hat und in dieser tätig ist, so hat er im vorirdischen Dasein seinen im Geiste sich erbildenden physischen Organismus vor sich; und seine Tätigkeit besteht in der Teilnahme an dessen Gestaltung …»

Es kann ein starker Kampf für die Seelen sein, wenn sie einen Vorblick auf die kommende Inkarnation haben und all das

31 Rudolf Steiner, *Der übersinnliche Mensch anthroposophisch erfasst*, Vortrag vom 17.11.1923, abends, GA 231.

Schwere und Leidvolle erschauen, was ihnen bevorsteht. Es braucht da starke Mutkräfte, einen starken Inkarnationswillen, um wirklich das individuelle Karma auf die Erde zu tragen. Zu unserem Karma gehören natürlich auch all unsere Schattenseiten, das «Böse», das uns anhaftet, und das verwandelt werden will. In der Sphäre der Ungeborenheit kommen wir auch damit kurz vor der Inkarnation wieder in Berührung, nachdem wir beim Aufstieg in höhere geistige Gefilde uns zeitweise davon trennen durften.

Widar und die Leibbildung

In Vorträgen vom Februar 1924, die unter dem Titel *Anthroposophie. Eine Zusammenfassung nach 21 Jahren* (GA 234) veröffentlicht wurden, gibt Rudolf Steiner eine ganz besondere Sicht auf den Menschen *in* der Zeit. Im wirklichen Sinne geboren ist nur der physische Leib, also die ganze komplexe Stofflichkeit unseres Leibes, die wir auch Körper nennen können und die sein Sichtbarwerden bewirkt. Geboren ist dieser Körper «nur» als Modell aus dem Erbstrom der Eltern und Vorfahren, denn mit der Geburt beginnt die Arbeit an diesem Modell zur Verwandlung zum Individualleib. Das braucht für den physischen Anteil des Leibes ein Jahrsiebt, dann ist alle «geborene» Stofflichkeit mindestens einmal ausgetauscht oder erneuert, was abschließend im Zahnwechsel kulminiert. Damit sind für diesen Bereich auch die Erbgesetze nicht mehr wirksam.

Geburt oder Geborenwerden bedeutet im tieferen Erfassen, dass etwas Fertiges, etwas Ausgestaltetes in die sichtbare Erscheinung tritt. Der physische Anteil des Leibes ist in diesem Sinne ein Fertiges, er hat die Entwicklungsstufe der Vollkommenheit erreicht. Seine Veränderung geschieht nur noch durch Individualisierung; sein Typus wandelt sich nicht mehr. Für diesen ist die Entwicklung abgeschlossen, er wird sich allmählich eher zurückentwickeln aus den Kräften der Devolution, der Herbstzeit in der Natur vergleichbar. Denn im Lebendigen ist keine Form von Dauer.

Anders schon die Lebensorganisation unseres Leibes, der Lebens- oder Ätherleib. Von ihm sagt Steiner, dass er das ganze Leben hindurch *in der Zeit* wirkt, dass er noch in dem Vorgeburtlichen wurzelt. Er hat in der großen Menschheitsentwicklung erst die dritte Stufe der Evolution erreicht, er ist noch «unvollkommen», das heißt noch nicht fertig. Er streift in dem zweiten Lebensjahrsiebt seine Erbstrukturen ab, er wird individuell erst mit dem vierzehnten Lebensjahr. In ihm lebt etwas, was der abstrahierende Verstand schwer fassen kann: Gleichzeitigkeit. Vergangenes, Gegenwart und Zukunft sind in ihm kein Nacheinander, sondern eins. Ist der Mensch biografisch beispielsweise in seinem zwanzigsten Lebensjahr, wirkt in seinem Lebensleib zugleich sein zweites Lebensjahr. Ja, wir dürfen wohl denken, auch sein vierzigstes, denn Zukünftiges ist in ihm nichts Fernes, sondern bereits Existierendes, Wirkendes. Wir entdecken eine Gesetzmäßigkeit, auf die sich die Gesetze moderner materialistischer Naturwissenschaft nicht anwenden lassen. Hier wirkt das Leben, welches nicht mess- oder zählbar ist, das man nicht wiegen kann, das nur in seiner Dynamik (oder auch Adynamie) beschreibbar ist. Einer solchen Naturwissenschaft des Lebendigen hat Goethe sich intensiv gewidmet, besonders mit Blick auf die Pflanzen. Auch Carl Gustav Carus als Arzt und Naturforscher hat hier originäre Forschung betrieben und vielfach publiziert. Werden und Vergehen, Evolution und Devolution, das Entstehen von Neuem aus Altem sind Gesetzmäßigkeiten des Lebendigen. Sie können wir auch die Kindheitskräfte der Welt nennen, die All-Erneuerer. Für sie steht ein berührendes und unerwartetes Gleichnis des Christus für seine Jünger: «In jener Stunde kamen die Jünger zu Jesus und fragten: Wer ist denn der Größte im Reich der Himmel? Da rief er ein kleines Kind heran, stellt es in die Mitte und sagte: Amen, ich sage euch: Wenn ihr nicht umkehrt und wie die Kinder werdet, könnt ihr nimmer eingehen in das Reich der Himmel. Nur wer in Demut klein wird wie dieses Kind, der ist der Größte im Reich der Himmel.» (Mt 18,1-4)

Diese Kindheitskräfte bewirken für den Menschenleib ständige Erneuerung und auch Verjüngung. Sie sind «rückwärtsgerichtet», womit gemeint ist, dass sie immer aus ihrem Ursprung – wie aus einer Quelle – entspringen. Das bedeutet im Text des Gleichnisses «umkehren», vereinfacht gesagt, wieder Kind zu werden, oder sich der Gleichzeitigkeit bewusst zu werden, dass in jedem Augenblick das ganze Leben vorhanden ist, im sechzigsten Lebensjahr auch das zweite oder das dreißigste, ja im Vorgriff auch das achtzigste. Wir sind als Mensch ständig Ausdruck unseres ganzen Lebens, wohinein auch das noch Kommende, das Ungeborene wirkt. Der aus der Zukunft kommende Strom oder das Umkehren finden in der leiblichen Physiologie ihren Ausdruck in der Kraft des Saugens als Polarität zum Druck. Der venöse Rückstrom oder auch die Lymphbewegung funktionieren durch solch einen Sog, dessen Ursprung Steiner «peripherisierende Kräfte» im Gegensatz zu den «zentralisierenden» nannte, die immer auf einen Mittelpunkt zustreben und Druck erzeugen. Dagegen streben die Lebenskräfte in die Weite, dehnen sich aus, suchen die Unendlichkeit. So tragen sie Leichtekräfte in unseren Leib, heben die Schwere unterschiedlich stark auf und sind das, was uns erfrischt.

Noch größere Anstrengungen erfordert es, den leiblichen Träger unseres Seelenlebens, den Empfindungs- oder auch Astralleib, zu verstehen. Astralleib wird meistens als Zusammenwirken von Empfindungsleib und Empfindungsseele gesehen, ist also ein Zusammengefügtes.[32] Der eigenständige leibliche Anteil, der «eigentliche Astral*leib*»[33], wird im Weiteren als Empfindungsleib bezeichnet. Er wirkt in unser Erdenleben aus dem gesamten vorgeburtlichen Dasein hinein. Das wird nur begreifbar durch die Gesetzmäßigkeit der Reinkarnation, der Wiederverkörperung. Sie ist notwendiger Ausdruck des Entwicklungsgedankens. Rudolf Steiner sah es als seinen geistigen Auftrag, der Menschheit das Wissen um Wiederverkörperung und Schicksal zu erneuern und als wesentliche Dynamik aller Entwicklung des Menschen nahezubringen. Es ist ja uraltes Wissen, das in den Weltanschauungen und Religionen asiatischer Kulturen noch heute lebt, in der Orientierung einer materialistischen Weltauffassung aber ganz verloren ging, auch wenn es in einzelnen fortgeschrittenen Geistern wie Lessing oder Goethe wieder auftauchte. Die als *Geheimwissenschaft im Umriss* dargestellte Evolution unseres Universums beschreibt, wie in der Urschöpfung alles als Keime veranlagt und mit aller Kreatur eine zielgerichtete Entwicklung verbunden wurde, die ein großes Miteinander schuf. Lange war der Mensch ein rein geistiges Wesen, erst in späterer Zeit nahm er mehr und mehr Gestalt an und trat in eine physische Sichtbarkeit, die ihm durch seine Sinnesorgane auch die Welt sichtbar machte. In dieser in Urvergangenheiten beginnenden Entwicklung, die schritt- oder stufenförmig verläuft, ist

32 Rudolf Steiner, *Theosophie,* Kapitel «Leib, Seele und Geist», GA 9.

33 Rudolf Steiner, *Die Geheimwissenschaft im Umriss,* Kapitel «Wesen der Menschheit», GA 13.

der Empfindungsleib erst auf seiner zweiten Stufe angekommen, die dritte bildet er nun aus. In ihm ist somit ein hoher Anteil an Ungeborenheit. Rudolf Steiner charakterisiert diese in zwei anschaulichen Sätzen: «Er ist gar nicht mitgegangen durch das Leben, er ist da [im Leben zwischen Tod und neuer Geburt] geblieben. Hier ist er nur eine Art Schein.» Und: «Sie sind als Mensch wirklich ein Komet, der seinen Schweif weit zurück in die Vergangenheit erstreckt.»[34] Der Empfindungsleib ist Träger aller Seeleneigenschaften, die sich in uns durch die bisherigen Inkarnationen ausgebildet haben. Er trägt in sich auch das Schicksal, das im neuen Leben seinen Ausgleich sucht. Es zeigt sich in unseren Fähigkeiten, Stärken und Schwächen, auch in Veranlagungen zum Kranksein. Und er ist Träger des Bewusstseins, das sich in Empfindungen, Verstand und Gemüt sowie Bewusstsein von sich selbst gliedert. Er nimmt auch unser Ich auf, welches in ihm einen Seelenkern bildet.

Das Ich in seinem leiblichen Anteil ist das jüngste der Menschenglieder, es steht erst auf seiner ersten Entwicklungsstufe zur Individualität, zur freien, auf sich selbst gegründeten, urteilsfähigen Persönlichkeit. In der Darstellung Steiners ist es noch weitgehend ungeboren, es wirkt eigentlich aus dem vorangegangenen Erdenleben, der vorigen Inkarnation, in das jetzige Leben hinein. «Das Ich der gegenwärtigen Inkarnation ist nie fertig; das bildet sich.»[35] Es wirkt durch seine moralischen Kräfte, vermittels der seelischen und leiblichen Wärme. Soweit es den Leib in seiner rein geistigen Natur ergreift und durchdringt, bildet es in ihm eine Ich-Organisation, die substanziell

34 Rudolf Steiner, *Anthroposophie. Eine Zusammenfassung nach einundzwanzig Jahren,* Vortrag vom 2.2.1924, GA 234.

35 Ebenda.

reine Wärme ist. Und doch ist es für unsere Gesundheit notwendig, dass der ganze Leib in seiner Gliederung bis letztlich in jede einzelne Zelle hinein von dieser Ich-Wärme geprägt wird. Das findet seinen Ausdruck in dem, was die moderne Medizin das Immunsystem nennt.[36]

Dieses Ergreifen von Seele und Leib durch das Ich erfolgt schrittweise. Am intensivsten wirkt das Ich in den ersten drei Lebensjahren und bildet das Aufrichten und Gehen, das Sprechen und schließlich das Denken aus. In dieser Zeit ist diese Entwicklungstätigkeit ganz verbunden mit der vorgeburtlich-geistigen Welt und den dort wirkenden Wesen, im Besonderen mit dem uns begleitenden Engel. Das ist für den Menschen die Zeit der *Gottessohnschaft*. Mit dem vierten Lebensjahr erlischt dieser unbewusste Zusammenhang mit der geistigen Welt, das Ich tritt tiefer in das leibliche Geschehen, kommt mehr und mehr zu einem Bewusstsein von sich selbst und wird *Menschensohn*, was Getrenntsein von seinem Geistkeim bedeutet und als Verlust erlebt wird. Zugleich entstehen die Sehnsucht und der Impuls, sich wieder diesem Geistkeim zu nähern, seiner bewusst zu werden, das Getrennte zu vereinigen. Das wird Ausdruck der Lebenslust und ist die Triebkraft unseres Lebens, die sich in der Gestaltung der Biografie äußert. Stufenweise geschieht das, in großen Schritten um das 9./10. Lebensjahr, dem 21. und schließlich 28. Lebensjahr, wo diese Entwicklung eine Art Abschluss findet, sodass Steiner erst dann von der Möglichkeit eigener Verantwortlichkeit spricht, im Bilde des Menschen, der nun ganz auf eigenen Füßen steht.

Diese Ich-Entwicklung ist noch so neu oder jung, dass sie

36 Siehe auch Volker Fintelmann, *Die spirituelle Seite des Immunsystems*, Stuttgart 2022.

verletzlich und angreifbar ist. Das nutzen die Widersacher, die Gegenmächte der Evolution, indem sie versuchen, die Entwicklung zu beschleunigen oder zu verlangsamen. Besonders die Verfrühung ist heute extrem bemerkbar und wird durch die Einflüsse der elektronischen Bilderwelt und einer ganz dem Intellekt gewidmeten Pädagogik gefördert. Ihre seelische Wirkung ist die Welt der Zwänge, der Zwangskrankheiten. Doch auch Verlangsamung ist erlebbar, die sich leiblich in den Süchten zeigt, und ebenso in der zunehmenden Haltung, für nichts, weder für sich selbst noch für andere oder gar die Welt Verantwortung zu übernehmen. Und hier müssen wir uns Helfern zuwenden, um in der richtigen Spur der Entwicklung zu bleiben.

Inwieweit ist nun Widar mit diesen unterschiedlichen Anteilen der Ungeborenheit in uns verbunden? Wie kann er Helfer sein bei einer Fortentwicklung, die ja noch in ferne Zukunftszeiten reichen wird? Da gibt es verschiedene Perspektiven zu entdecken. Die naheliegendste ist die Welt der Lebens- oder Kindheitskräfte, die ätherische oder lebendige Welt, die sich in uns zu einer eigenständigen Organisation als Lebensleib gestaltet hat. Ein anderer Begriff Steiners ist auch «Bildekräfteleib», sehr plastisch im Zusammenhang mit der imaginativen Bilderwelt des Lebensbereichs, und auch der Kräfte, von denen in Mensch und Natur alle Erneuerung und Verjüngung ausgeht. Widar ist der Begleiter dieser Kräfte in Natur und Kosmos und kann uns so Vorbild sein für unseren eigenen Lebensleib.

Verena Staël von Holstein hat in einem Gespräch darauf aufmerksam gemacht, dass John R. R. Tolkien in *Der Herr der Ringe* zu Beginn der Reise der Gefährten, im 1. Band, mit Tom Bombadil eine geheimnisvolle Gestalt geschaffen hat, die mit Widar zu tun hat. Sie taucht nur kurz und doch intensiv auf und ist von großer Bedeutung. Ohne sein Eingreifen und seine Hilfe wäre die Reise, die schließlich am Schicksalsberg endet, vorzeitig beendet gewesen. Er öffnet die Tür für den Schicksalsweg und hält sie gewissermaßen offen. Welch großartiges Bild für Widar, der den Schuh in das Maul des Fenriswolfs stellt und es mit seinen Händen so weit aufreißt, dass die Kiefer Erde und Himmel berühren und quasi ein Tor bilden. Es tritt für uns das Wort des Christus «Ich bin die Tür» (Joh 10,9) hinzu, das den gefallenen, das meint den von Gott gesonderten und der Materie verbundenen Menschen wieder mit dem Schöpfungsurgrund, dem VATER, verbindet. Immer wieder neu gilt es, Schwellen zu überschreiten. Die Christus-Türe steht allezeit – für den, der es gewahrt – offen.

Widar und die Lebensstufen

In einem Vortrag kurz vor Weihnachten 1913 zur Einweihung des neugegründeten Vidar-Zweiges in Bochum spricht Rudolf Steiner von Widar: «Auf den Namen jener Gottheit, die im Norden angesehen wird als die Gottheit, die wiederbringen soll verjüngende Kräfte, geistige Kindheitskräfte der altwerdenden Menschheit, zu dem hin sich neigen gerade nordische Seelen, wenn sie sprechen wollen von dem, was, vom Christus-Jesus-Wesen ausfließend, unserer Menschheit neue Botschaft einer Verjüngung bringen kann, auf diesen Namen wollen unsere Freunde hier ihre Arbeit und ihren Zweig weihen.»[37] Die den geistigen Kindheits- oder Verjüngungskräften zugrunde liegen-

37 Rudolf Steiner, *Die Welt des Geistes und ihr Hereinragen in das physische Dasein,* Vortrag vom 21.12.1913, GA 150.

de Welt ist die des Lebens, die das ganze Universum durchzieht. Sie ist die erste der verborgenen oder unsichtbaren Welten, die unmittelbar an die stofflich-sinnliche angrenzt beziehungsweise diese allüberall durchdringt. Ohne diese Welt wären Erde und Mensch nur Leichname. Sie real wahrzunehmen, setzt geschulte Imaginationsfähigkeit voraus. Wir erleben in ihr eine Fülle differenzierter Wesen, die als große Gruppen von Elementarwesen und Naturgeistern von alters her bekannt sind. In den Mythen und Märchen tauchen sie auf als Erd-, Wasser-, Luft- und Feuerwesen, auch Gnome oder Zwerge, Undinen oder Nixen, Sylphen oder Elfen genannt, schließlich als höchste Stufe die Feuergeister, mit einem alten Begriff auch Salamander genannt. Die Naturwesen sind zum Beispiel Baumgeister oder Steinwesen, wie sie vielfach auch als Riesen in Märchen vorkommen, oder eben auch bei Tolkien, wo die Baumgeister oder auch Baumhirten, die er Ents nennt, eine entscheidende Rolle beim Überwinden der dunklen Mächte spielen.

Diese schaffenden Geistwesen der Lebenswelt wurden durch lange Zeiträume von der Hierarchie der Angeloi, der Engel, geleitet und in ihrem Tun überwacht. In unserer Zeit hört diese Begleitung durch die Engel auf, und wir Menschen sollen die Leitung übernehmen, was zunächst heißt, mit dieser Welt bewusster zu kommunizieren. Darauf warten diese Wesen und mit ihnen Widar. Wenn sein Haus oder Palast das weite Land ist, so bildet sich darin die ätherische Welt mit ihren in die Weite («Peripherie») strebenden Tendenzen ab. Und diese Welt ist in Gefahr, während dieses nun laufenden Veränderungsprozesses von anderen Wesen okkupiert zu werden, die zu den Widersachern gehören. Vor allem verhärtende, ertötende (ahrimanische) und auch verflüchtigende sowie zerstreuende (luziferische) Kräfte mischen sich ein, deren retardierend-verlangsamende oder vorauseilend-verfrühende Tendenzen schon angesprochen wurden. Sie lenken die Elementar- und Naturwesen vom Menschen ab und treiben deren gute, fördernde Kräfte in die Richtung unguter («böser»), die verzerren, verfälschen oder im Menschen und der Natur Krankheiten hervorrufen.

Die guten und aufbauenden Kräfte hat Steiner als sieben Lebensstufen differenziert, die im menschlichen Organismus Anteile des Lebensleibes sind und Ausgang alles Funktionellen der Organtätigkeiten. Die Häufung sogenannter funktioneller Krankheiten in unserer Zeit ist Ausdruck für den Kampf um die Vorherrschaft über diese Wesen und ihre Fähigkeiten. Diese Lebensstufen sind Tätigkeitsfelder des Lebensleibes, dessen Wesen Tätigsein ist. Sie heißen:

ersterbendes Sinnesleben,
bewahrendes Nervenleben,
bildschaffendes Atmungsleben,
verbreitendes Zirkulationsleben,
stoffbildendes Stoffwechselleben,
kraftendes Bewegungsleben,
erneuerndes Reproduktionsleben.[38]

In den ersten drei Stufen kann Ahriman einwirken, er *ertötet* das Leben. In den letzten drei Stufen wirkt Luzifer das Leben *entfachend*. Die vierte und mittlere Lebensstufe, die Steiner ein sich *verbreitendes Zirkulationsleben* nennt, die das Leben *erhält*, ist für die Widersacher unangreifbar. Hier steht wehrhaft Widar und bildet den Boden für das Christus-Wirken, von dem ständige Heilung oder Wiederherstellung des Gesunden

38 Rudolf Steiner, *Anthroposophie als Kosmosophie,* Vortrag vom 29.10.1921, GA 208.

ausgeht. Das Zirkulationsleben in unserem Bildekräfteleib ist der Quellort ständiger Wiederherstellung, Gleichgewichtung, eben der Gesundheit. Das Tätigkeitselement dieses Quellorts kann als unausgesetztes Strömen charakterisiert werden, ein Flüssigkeits- und Säftestrom, der den ganzen Leib als Organismus durchzieht und nie zur Ruhe kommt. Diese Ströme kehren immer wieder zu ihrem Ausgangsort (zur «Quelle») zurück, woraus sich der Begriff Kreislauf entwickelt hat. Unglaublich viele solcher Kreisläufe existieren in uns, nicht nur der des Blutes. Eine Imagination dieses Geschehens ist die Schlange, die mit ihrem Maul den eigenen Schwanz erfasst. Beeindruckend ist in diesem Zusammenhang, wie Schlangengifte, richtig dosiert, das heißt feinstofflich oder homöopathisch potenziert, starke Anregungs- und Heilmittel für den zirkulierenden Lebensbereich in uns sind!

In allen Sklerotisierungs- oder Verhärtungs- und Ablagerungstendenzen finden wir die Einwirkungen ahrimanischer Kräfte, die dazu tendieren, das Leben zu ertöten. In allen Entzündungs- und Auflösungstendenzen, auch den allergischen Phänomenen, zeigen sich luziferische Kräfte, die das Leben «entfachen». Sie sind tief in unseren Lebensbereich eingedrungen, seit der Mensch in die Sonderung ging, was biblisch der Sündenfall genannt wird. Auch hier tritt uns das Symbol der Schlange entgegen, und wir können erkennen, wie in der Folge der Vertreibung aus dem Paradies der Weg zur Freiheit eingeleitet wird, wie die Widersacher also nicht nur Gegner, sondern auch Förderer unserer Entwicklung sind. Wir hätten nicht die Festigkeit unserer Knochen oder Zähne ohne die Kräfte der Verhärtung; wir könnten nichts Fremdes verdauen und uns zu Eigen machen ohne Entzündung. Allerdings «erkaufen» wir diese Fähigkeiten mit den seelischen Spiegelungen von Angst und Illusion. Die Begegnung von Faust und Mephistopheles – Letzterer vereint Qualitäten von Luzifer und Ahriman in sich – und deren Pakt ist ein anschauliches äußeres Bild dessen, was ständig in unserem Organismus physiologisch geschieht.

Was für den Lebensbereich oder Bildekräfteleib vielfältig und bildhaft beschrieben werden kann, und was hier als Potenzial der Ungeborenheit benannt wurde, ist für den Empfindungsbereich nicht vergleichbar leicht zu erfassen und zugleich deutlich zu machen, in welcher Weise Widar auch hier helfend tätig ist, uns – im Bilde gesprochen – in der Spur der gewollten Entwicklung zu halten. Eine nicht einfache Aufgabe, weil Widar ebenso wie Michael als unmittelbarer Christus-Diener bei all seinem Tun den Freiheitsimpuls wahren will. Der Seelen- oder Empfindungsleib als leiblicher Träger des seelischen Lebens ist von unglaublich schöner und stofflich ganz zarter Natur. Die Formulierung «Der Stoff, aus dem die Träume sind» charakterisiert dies anschaulich. Steiner nennt Luft und Licht als wesentliche Elemente des Empfindungsleibes. Sein zentrales Element jedoch ist die Bewegung, die in dem Begriff «Emotion» anklingt.

Die Bewegung in der Natur drückt sich auch in der Luft aus, die immer bewegt ist, keinen Stillstand kennt und sich als Wind äußert. Stillstand in der Bewegung bedeutet im Menschen Lähmung oder Erstickung; in der Natur kommt das kaum vor, zu gravierend wären die Folgen. Die Bewegung ist Element der Seele, ihre jeweilige Richtung und Intensität gibt ihr im Gesunden das Ich. Es ist deshalb in unserer Zeit vergleichbar einem Kern, der in die differenzierte Seele integriert ist und sie steuert. Bei seiner noch ausgeprägten Kindlichkeit und den hohen Anteilen von Ungeborenheit braucht das Ich allerdings viele Helfer. Denn wieder sind es die Widersacher, die sich in die Menschenseele hineinschleichen beziehungsweise hineindrängen: Luzifer mehr in die Empfindungswelt der Emotionen, Ahriman in den Verstand, der durch ihn verfestigt, trocken wird. Die Seele ist der Ort im Menschen, in dem der Sündenfall geschah, von hier drangen die Gegenmächte auch in das leibliche Geschehen ein. Der Leib an sich ist ohne Schuld, doch das seelische Schuldigwerden ist in ihn eingedrungen und durchtränkt den Organismus, wie es in Verhärtungs- und Auflösungstendenzen schon angesprochen wurde. Und da sind wir bei dem zentralen Punkt heutigen Seelenlebens: der Schuld, dem Schuldig-geworden-Sein. Das wird im Religiösen auch Sünde genannt, weil ihr die Sonderung des Menschen vom Vatergott zugrunde liegt.

Der moderne Mensch steht mitten in der Aufgabe, seine Seele zu «entschulden». Das verlangt zweierlei: Reinigung von allen nichtmenschlichen und nichtgöttlichen Kräften, auch Läuterung genannt, und Steuerung durch das Ich, wahre Selbst-Beherrschung. Denkt man das konsequent zu Ende, wird die ungeheure Schwere dieser Zeitaufgabe bewusst. Wie extrem walten in uns spontane Triebe, Leidenschaften, und wie hoch ist der Anteil eines assoziativen, nicht ich-geführten Denkens (beständiges Gedankenkarussell). Wie können die Emotionen zügellos toben, heute vor allem in den Aggressionen. Wie sehr sind aber auch Lähmungen des Seelenlebens zeittypisch, lethargische Zustände, vielfach noch gesteigert durch das Auftreten von Depressionen. Wieder zeigen sich die beiden Widersacher vielfältig in den Symptomen; es ist eine starke Ich-Präsenz erforderlich, um ihre Einwirkungen immer wieder gesundend auszugleichen.

Einmal mehr geht unser Blick zu Widar. Er verwaltet in unserer Schöpfung das Gegenmittel oder die Arznei, die uns helfen kann, die Seelengestaltungen der Läuterung und der Selbstbeherrschung als Ich-Menschen zu leisten. Es sind die Kräfte der Unschuld, die Widar vermitteln kann, ja darf. Es wurde schon angesprochen, dass Widar als einziger der Asen in der Unschuld verblieb und nicht den Versuchungen Lokis verfiel. Ihn schützte seine Verbundenheit mit einem Wesen, das seit dem Sündenfall und der Vertreibung aus dem Paradies in dem Vorzustand der Unschuld und Gotteinigkeit gehalten wurde. Ein Wesen, das den Herabstieg zur Erde nicht mitmachte, das männlich-weiblich blieb, nicht getrennt wurde, Einheit statt Zweiheit. Und das in seinem Wesen den Zweifel nicht trug. Es blieb Urbild der Menschenschöpfung und hat sich ganz dem Christus-Wesen verbunden, drei Mal in besonderer Intensität in den sogenannten Vorstufen des Mysteriums von Golgatha (siehe S. 38). Dieses «göttliche Kind» wurde seit seiner Entstehung mit Blick auf seine Mission von Widar begleitet, wir können auch sagen behütet. Denn es brauchte die Kräfte dessen, der den Fenriswolf bezwingen kann, um das Unschuldswesen unangreifbar zu machen.

Diese Unschuld lebt in der ganzen Natur, insbesondere im Pflanzenreich. Sie hat den Gang des Menschen in die Schuld nicht mitgemacht, sie wurde aber ebenso wie der Menschenleib in diese Schuld verstrickt. Unschuldig-schuldig ist sie, und die in ihr wirkenden Kräfte und Wesen sind *durch uns Menschen* für die Widersacher angreifbar geworden. Wenn heute mehr und mehr die wirklichen Arzneimittel zur Heilung menschlicher Krankheiten aus der Natur gewonnen werden, so liegt das Verstehen hierfür in dem Einbeziehen der Unschuldskräfte. Diese müssen allerdings erst von der ihnen aufgeladenen Schuld befreit werden, was die Aufgabe der wirklichen Pharmazie ist.

Der pharmazeutische Prozess ist auch ein Entschulden der Natursubstanzen. Deshalb kann Steiner das Bild schaffen: «den Labortisch zum Altar werden lassen».[39] So lässt sich vielleicht auch der Potenzierungsvorgang verstehen, den Samuel Hahnemann (1755–1843) seiner Homöopathie einprägte. Das soll mit dem Blick auf die Mistel als Heilmittel der Krebskrankheit in einem weiteren Kapitel ausgeführt werden.

Immer mehr muss die Arznei nach dem Vorbild der Natur synthetisiert und aus Menschenverständnis zu einer neuen Substanz gestaltet werden, die es so noch nicht gibt, sondern die eine neue Schöpfung ist. Deshalb sind die Arzneimittel der Anthroposophischen Medizin keine Naturarzneimittel, wenn auch solche in ihr Verwendung finden, auch Homöopathika, allerdings oft mit neuen Indikationen. Steiner hat Beispiele konzipiert, die heute unter dem Begriff der Typenmittel bekannt sind, beispielsweise Hepatodoron®, Kephalodoron® oder Scleron®, oder auch die besonderen Metallzubereitungen unter der Bezeichnung «... metallicum praeparatum». Und schließlich die Mistel als Krebsheilmittel. Widar ist diesem Bereich eng verbunden, er ist der die heilenden Geister im Wirksamwerden des stofflichen Anteils der Arznei leitende Geist, hier nun in enger Zusammenarbeit mit dem Erzengel Raphael.

Auf vielen Wegen kann sich der Mensch der Unschuld verbinden, sie lebt als Keim auch in ihm und will von ihm zunehmend bewusst ergriffen werden. Ein Beispiel wurde schon in dem Zirkulationsleben der Lebensorganisation angesprochen. Ihre Quelle ist mit der Unschuld verbunden, in ihr sind Widar

39 Rudolf Steiner, *Der Tod als Lebenswandlung,* GA 182, Dornach ²1976, S. 67: «... der Laboratoriumstisch wird zum Altar werden müssen.»

und Christus so anwesend, dass sie die Widersachermächte zurückhalten können. Und so wird auch verständlich, dass unser Zentralorgan, das Herz, von Steiner so beschrieben wird, dass in seinem Wirken alles Folge, nichts Ursache ist. Darin ist dieses Organ ganz michaelisch – Michael, der in den Folgen der Menschentaten lebt! Das Herz lebt für den ganzen Organismus in seiner organischen Differenziertheit, rein dienend, ständig um das Wohlbefinden aller besorgt, ausgleichend, Kräfte zuströmend, wo sie gebraucht werden, Lasten auf sich nehmend, wo sie erdrückend werden. Seine unermüdlichen Kräfte sind Unschuldskräfte, physiologisch ablesbar am Quell der Menschenwärme, die das Ich für seine leibliche Organisation benötigt. Im seelischen Gewande ist dieser Quell und diese unermüdliche Kraft die Liebe, die wiederum zentrales Element der Christus-Wesenheit ist. Und die in sich die Unschuld birgt. Die Liebe ist daher auch der unmittelbarste Weg, uns mit der Unschuld zu verbinden. Widar kann uns diesen Weg führen, wenn wir es wollen.

In der Unschuld leben heißt, immer Kindheit in sich zu haben. Denn jeder Mensch darf ohne Schuld in das neue Erdenleben treten, er hat ja die Seele nach dem Tode geläutert und ist als reines Geistwesen durch den Wendepunkt der Weltenmitternacht gegangen und wurde dort ansichtig des unschuldig gebliebenen Menschenwesens (dem Christus). Mit diesem Bild, das ein Ideal zeigt, befeuert, tritt er seinen Weg zu einem neuen Erdenleben an und wird unschuldig als *Gottessohn* neu geboren.

Drei Jahre hält dieses Leben in der Unschuld an (heute allerdings oft schon verkürzt), dann sind «die Augen aufgetan», das heißt die Sinne wach auf das physisch-irdische Dasein gerichtet. Nun sind wir *Menschen-* oder *Erdensöhne* geworden, und die nicht abgetragene Schuld vergangenen Karmas wirkt in uns ein, über die Sinne und das ihnen verbundene Nervensystem. Die Urkindheit der ersten Jahre, in der unser Ich lebenslang verbleibt, an die wir im Allgemeinen aber keine Erinnerung haben, im Leben immer wieder neu aufzusuchen, verbindet uns mit den Unschuldskräften. Diesen Übungsweg nennen wir auch «re-ligere», das heißt sich wieder verbinden (Religion), und es darf nicht das Missverständnis aufkommen, dass damit eine Konfession gemeint sei. Für den modernen Menschen ist «Religion» in diesem Sinne ein ganz persönlicher Erkenntnisweg, vor allem der der Selbsterkenntnis. Das alte Tempelwort «Mensch, erkenne dich selbst» ist noch nie so aktuell für alle Menschen gewesen wie in unserer Zeit. Selbsterkenntnis ist heute auch Karmaerkenntnis: Wozu bist du angetreten in *diesem* Leben, was sind deine Ziele und Impulse? Wie sieht der Lebensplan aus, den du mit Blick auf das Schicksal und die Bedürfnisse der Zeit im Vorgeburtlichen zusammen mit dem dich begleitenden Engel ausgearbeitet hast? Und den wir mit der Geburt im Wachbewusstsein vergessen haben, den aber der Engel kennt und uns immer wieder zu ihm hinleitet, was unsere Aufmerksamkeit erfordert. Dieser «Plan» liegt in den Kindheitskräften verborgen; ihn aufzufinden bedeutet, sich ihnen zu verbinden. Und immer sind wir dadurch auch in Widars Welten.

Neben der Erkenntnisseite hat das Sich-Verbinden mit der Unschuld auch eine Handlungsseite. Steiner hat das freie Handeln «moralisch» genannt und es in seiner *Philosophie der Freiheit* in moralische Fantasie, moralische Intuition und moralische Technik differenziert. In diesen Freiheits-Tätigkeiten lebt unser Ich als Kern unseres Menschseins. Denn die geistige Substanz des Ich ist Wille; diese Willens-Substanz wurde vor Urzeiten als Opfer von den Geistern des Willens (Throne) an höhere Wesen ausgesondert. Dieser Wille darf nicht äußerlich verstanden werden, sondern als zunächst tief verborgener Wille, der weitgehend unbewusst wirkt, zum Beispiel in unseren Stoffwechselvorgängen. Und eben als Karmawille, der ein zukünftiger ist – aus der Zukunft und so mit Widar wirkend.

Wir sind berufen, an der Schöpfung der Erde mitzugestalten, den Naturgeistern Richtung zu geben, mit der Welt der Hierarchien, und mit Christus uns so zu verbinden, dass wir «Jünger» werden, um in seinem Auftrag und Verständnis zu handeln. Ein Bild hierfür kann sein, wie Christus die Jünger befähigte, seine Heilkräfte an Kranke, Gelähmte und Besessene initiativ zu vermitteln. Ist der moralisch wirkende Mensch nicht in diesem Sinne aufzufassen? Das setzt allerdings voraus, sich in seinem Handeln unabhängig von Sympathie und Antipathie zu machen, ganz objektiv aus der Sache heraus zu handeln, auch ohne persönlichen Gewinn oder Lohn zu suchen, sondern der Evolution zu dienen. Das heute so oft gehörte Wort «Was bringt mir das?» steht dem diametral entgegen. Und auch die Umgehung des persönlich Verantwortlichmachens für die Folgen von Taten. Denn immer fordert das freie moralische Handeln das Übernehmen von Verantwortung.

Die Ungeborenheit zeigt sich auch in der Fülle der veranlagten Fähigkeiten, der Talente eines Menschen. Es ist die Einflüsterung der Widersacher, dass alle Menschen gleich seien, gestützt auf das (scheinbar!) gleiche genetische Material, das Genom. Die Wirklichkeit des Menschseins ist gerade die Verschiedenheit als Ausdruck der Einmaligkeit, der Individualität. Fähigkeiten oder Talente bergen in sich jedoch die Forderung, sie auch einzusetzen, sie auszugestalten, nicht nur über sie zu verfügen, sondern sie in den Dienst der Entwicklung zu stellen. Das ist ihr Aspekt der Ungeborenheit, da immer etwas Neues geboren und damit verwirklicht werden möchte. Dies ist eine

Ich-Aufgabe. Ist die Erkenntnis Grundlage einer moralischen Handlung und somit Michael verbunden, so kann die Initiative, die Verwirklichung des Erkannten wesenhaft mit Widar verbunden sein. Je mehr sich Menschen zukünftig Widar öffnen, umso deutlicher wird auch die Verantwortlichkeit für das Getane werden, ja auch der Mut, etwas zu tun und dafür Verantwortung zu übernehmen.

Ungeborenheit und Unsterblichkeit

Ungeborenheit und Unschuld haben eine gemeinsame Wurzel. Beide verbleiben gewissermaßen in der Vergangenheit, um einst aus der Zukunft zu wirken. Das beschreibt Widars Wesen und Mission: Er ist in der Vergangenheit verblieben, um aus der Zukunft wirken zu können. Das gilt auch für die Mistel, die in einem früheren Entwicklungsstadium der Pflanze verbleibt, um heute Heilmittel für eine Krankheit sein zu können, deren Sinn zentral in dem Evolutionsgeschehen unserer Zeit liegt: Der zu werden, den man lange Zeit zuvor mit der Hilfe höher entwickelter, vorangeschrittener Wesen veranlagte. Und nicht jemand zu sein, der den Konventionen unterliegt und versucht so zu sein, wie es die Mode verlangt. Ungeborenheit und Unschuld liegen in jedem von uns, verborgen und wie schlafend. Sie können erweckt, uns bewusst gemacht werden und sind dann starke Triebfedern für die freie und bewusste Gestaltung unseres Lebens auf das Ziel hin, das wir uns selber gegeben haben.

Die Ungeborenheit macht den Widersachern, vor allem Ahriman, Angst, weil sie seinem Wesen völlig fremd ist und er sie trotz all seiner Intelligenz nicht verstehen kann. Sie ist für ihn unberechenbar. Deshalb hasst Ahriman das Ungeborene. Ja, streng genommen muss man sagen, er versteht die Ungeborenheit gar nicht wirklich, sie entzieht sich seinem Zugriff. Was noch nicht geboren ist, kann man nicht berechnen, nicht verplanen und organisieren. Es gehört einer anderen Sphäre an. Rudolf Steiner sagt: «Das irritiert die ahrimanischen Wesenheiten nicht, wenn sie immer wieder den Äther durchsausen, um mit dem Menschen ihr Spiel zu treiben, wenn da so und so viel von den Kanzeln von Unsterblichkeit verkündet wird und in den Weltenäther eingeschrieben wird. Das tut den ahrimanischen Wesen sehr wohl. Aber ein furchtbarer Schrecken für sie ist es, wenn sie das Wort *Ungeborenheit* in den Weltenäther eingeschrieben finden. Da löscht für sie überhaupt das Licht aus, in dem sie sich bewegen. Da kommen sie nicht weiter, da verlieren sie die Richtung, da fühlen sie sich wie in einem Abgrund, wie im Bodenlosen.»[40]

Wir stehen also mit der Ungeborenheit und ihrem bewussten Ergreifen in einem Kampf mit den ahrimanischen Mächten darinnen. Da nur die Menschen physisch geboren werden, das heißt sich inkarnieren, die Engel (Götter) jedoch nicht, können auch nur wir Menschen die Pforte der Geburt von *beiden* Seiten betrachten und bewachen. Wenn wir dies bewusst anstreben, kommt Widar uns zu Hilfe. Der urbildliche Beruf dafür ist die Hebamme. Auch im übertragenen Sinne können wir als Hebamme tätig sein. So verstand Sokrates sein Fragen und Philosophieren als Hebammen-Dienst am werdenden Menschen. Er war zutiefst davon überzeugt, dass aus jedem Menschen die ihm innewohnende Weisheit geboren werden kann.

40 Rudolf Steiner, *Die Verantwortung des Menschen für die Weltentwickelung*, GA 203, Dornach [2]1989, S. 275 f.

Schweigen – ungeborene Worte

Vor diesem Hintergrund möchten wir noch einmal die Fähigkeit des Schweigens betrachten. Schweigen als aktiver und bewusster Vorgang belässt *mögliche* Worte in der Ungeborenheit. Ich *könnte* etwas sagen, halte mich aber zurück. Das Schweigen kann im Konfliktfall ein Beitrag zum Frieden sein. Durch Schweigen lasse ich aber auch meine Mitmenschen frei. Ich dränge ihnen nicht meine Ansichten oder Gefühle, meine Vorstellungen oder Erkenntnisse auf. Ich halte mich zurück – ich schweige. Rudolf Steiner schreibt in *Wie erlangt man Erkenntnisse der höheren Welten?*: «Nur was Sinn und Bedeutung hat, soll von den Lippen des Geheimschülers kommen. Alles Reden um des Redens willen bringt ihn von seinem Wege ab.»[41] Das ist eine hohe Anforderung, man kann sie ein Leben lang üben, und wird doch immer wieder an ihr scheitern. Das Schweigen ist auch die Sphäre Widars. Und das rechte Schweigen führt zum neuen Hellsehen. «Denn von solchen Übungen hängt die Ausbildung der Hellsehergabe ab. Je mehr zum Beispiel dasjenige, was ein Mensch denkt und redet, mit den Vorgängen in der Außenwelt zusammenstimmt, desto schneller entwickelt sich diese Gabe. Wer Unwahres denkt oder redet, tötet etwas in dem Keime der sechzehnblätterigen Lotusblume [im Bereich des Kehlkopfes; A.d.V.].»[42]

Natürlich gehört zum rechten Schweigen auch das rechte Reden. Was meint, bewusst etwas auszusprechen, weil es sinnvoll oder in einer bestimmten Situation notwendig ist.

41 Rudolf Steiner, *Wie erlangt man Erkenntnisse der höheren Welten?*, GA 10, Dornach [24]1993, S. 120.

42 Ebenda, S. 122.

Dann ereignet sich ein Geburtsvorgang für das Wort. Der Sprechende ist schöpferisch tätig. Jedes Wort hat eine Wirkung. Widar als Wächter des Schweigens kann uns hier ein Lehrer werden.

Humor – ungeborene Vorstellungen

Warum lachen wir über einen guten Witz? Weil er ungewohnte, ja überraschende Vorstellungen in uns hervorbringt, die erheitern und auflockern. Man könnte sagen, jeder gute Witz kommt aus der Sphäre der Ungeborenheit. Niemand hat damit gerechnet. Interessanterweise können die luziferischen Wesenheiten, insbesondere Luzifer selbst, den menschlichen Humor überhaupt nicht vertragen: «Aber trotz seiner Weisheit – denn Luzifer hat ja natürlich eine hohe Weisheit – kann er nicht verstehen einen harmlosen Witz, den jemand, durch irgendein äußeres Ereignis hervorgerufen, macht. Das liegt ganz außerhalb des Gebietes des Luzifer. Und man kann geradezu sich gegen luziferische Bestürmungen, die er ja sehr leicht unternimmt, dadurch schützen, dass man versucht, in dem zu leben, was auf harmlose Weise ergötzt, auf harmlose Weise von außen herein den Menschen unterhält. Das kann er gar nicht leiden, Luzifer. Wenn man Freude hat an einer guten Karikatur, das ärgert Luzifer ganz entsetzlich.»[43]

Luzifer ist der Herr der Zwänge, aller Zwanghaftigkeiten. Er treibt uns zu Programmen und Theorien, alles Systematisie-

43 Rudolf Steiner, *Das Rätsel des Menschen,* Vortrag vom 28.8.1916, GA 170, Dornach 1964, S. 234.

ren folgt daraus, auch beispielsweise die Pedanterie.[44] Immer mischt auch Ahriman dabei mit, füllt die Fantasien Luzifers mit Inhalten, nutzt die Möglichkeit, durch Luzifers Eingreifen selber im Menschen tätig werden zu können. Ihre Einflüsse sind oft nicht leicht auseinanderzuhalten. Es ist jedoch wichtig, den Veranlasser zu entdecken, um ihm dann entgegenzuwirken und Gleichgewicht herzustellen.

Humor wiederum löst alles Verstockte, Festgefahrene mit einem Schlag auf. Wie segensreich wirkt ein Witz, eine humorvolle Bemerkung in einer verfahrenen Situation, wie findet ein Gespräch plötzlich wieder eine Fortsetzung, wo alles verstummte. Humor ist flüssig, stammt aus den Quellen des Lebens, ist im Lachen zugleich Ausatmung und wirkt befreiend. Und wirklicher Humor ist nie verletzend, er trägt immer die Achtung des oder der anderen in sich. Seine höchste Steigerung ist die Fähigkeit, über sich selber zu lachen. Schauen wir so auf den Weltenhumor in der Holzplastik des Menschheitsrepräsentanten von Rudolf Steiner und Edith Maryon. Wie er oben links (vom Betrachter aus gesehen), über allem schwebend, herunterschaut, mit einem gesunden Abstand zum Drama der Menschwerdung und doch zugleich mit einer liebevollen Anteilnahme. *Auf diese Weise* von oben herabzublicken, das ist Luzifer ganz fremd. Doch in diesen liebevoll humoristischen Wendungen des Lebens, da wirkt in kindlicher Freude Widar mit. Wo es verbissen und fest wird, hilft diese humorvolle (widarische) Auflockerung immer weiter. Das zu Feste wird belebt durch einen Hauch von Ungeborenheit. Ein guter Witz schildert ja nicht eine Realität, sondern bleibt auf unterhaltende Weise in der bloßen Vorstellung der

44 Rudolf Steiner, *Die Polarität von Dauer und Entwickelung im Menschenleben,* Vortrag vom 4.10.1918, GA 184.

Menschen. Der Humor scheint etwas spezifisch Menschliches zu sein. Somit ist er auch den Widersachern fremd und unangenehm. Sich auf ihn einzulassen, würde sie vermenschlichen.[45]

45 Einige Grundgedanken dieses Kapitels sind als Frucht einer gemeinsamen Veranstaltung schon in der Zeitschrift *Gegenwart* 3/2017 veröffentlicht worden.

IV. Widar und die Auseinandersetzung mit dem Bösen

Die Auseinandersetzung mit dem Bösen im umfassenden Sinne ist eine der vordringlichsten Aufgaben des Menschen im 21. Jahrhundert. Das 20. Jahrhundert hat ein Ausmaß von Kriegen, humanitären Katastrophen und Grausamkeiten mit sich gebracht wie wohl noch kein Jahrhundert der Menschheitsgeschichte je zuvor. Denken wir nur an den Ersten Weltkrieg (1914-1918) und den Zweiten Weltkrieg (1939-1945), damit verbunden den Holocaust und die beiden Atombomben, abgeworfen auf Japan im August 1945. Doch damit war es leider noch nicht vorbei: die Vernichtungslager Stalins, die menschenverachtende und -zerstörende Politik Maos, das Terrorregime der Roten Khmer in Kambodscha und vieles mehr ... Das 20. Jahrhundert kann als eine Schreckenszeit ohne Ende angesehen werden. Gleichzeitig ist es frappierenderweise ein Michael-Zeitalter. All das geschah auch im Zeichen Michaels – und ist Ausdruck dessen, dass wir als ganze Menschheit radikal in die Freiheit gestellt sind.

Mit jedem Tag, den wir mit dieser Vergangenheit im Rücken weiterleben, stellt sich verstärkt die Frage: Was hat die Menschheit daraus gelernt? War all das Leiden des 20. Jahrhunderts umsonst oder wurden ihm weiterführende Erkenntnisse und eine vertiefte Moralität abgerungen? Was ist da hereingebrochen an abgründigen Mächten in den Prozess der Menschheitsentwicklung? Die Geschichte selbst stellt somit eindringlich die Frage nach der Erkenntnis des Bösen.

Nicht wegzuschauen, nicht einfach zu vergessen, nicht zu bagatellisieren – das ist schon ein erster Freiheitsakt in der Auseinandersetzung mit dem Bösen. Der Begriff «Auseinandersetzung» ist dabei bewusst von uns gewählt worden. Wir setzen uns auseinander: das schafft zunächst einmal den nötigen Abstand, eine gewisse Distanz zum Bösen. Um diesen gesunden Abstand – wir können auch von einem Freiheitsraum sprechen – zu bewahren, brauchen wir allerdings die Hilfe von Michael, Widar und Christus. Michael, der Drachenbezwinger, der den Drachen unten hält, ist uns ein leuchtendes Vorbild für die Auseinandersetzung mit dem Bösen. Im Grunde kämpft Michael nicht mit dem Drachen – er hält ihn auf Abstand (mit einer Lanze oder einem Schwert), in der Tiefe, und blickt über ihn hinweg, in eine Zukunft des freien und schöpferischen Menschen, der das Böse in sich überwunden haben wird. Widar stellt sich ganz und gar hinein in das Maul des Fenriswolfs, das damit überraschenderweise zu einer «Türe» wird, die Zukunft hereinlässst beziehungsweise uns in die Zukunft schreiten lassen kann. Und Christus begegnet uns am tiefsten Punkt, in der totalen Ohnmacht und Erschöpfung; denn diese hat er selbst am Kreuz durchlitten. «Mein Gott, mein Gott, warum hast du mich verlassen?» (Mt 27,46) Diese Frage hat Christus aus tiefstem eigenem Leiden heraus am Kreuz gestellt. Das ist Teil des Mysteriums von Golgatha: dass Christus sich ganz hingegeben hat an die Mächte, die ihn töten und vernichten wollten. Wir können uns sicher sein, dass Widar und Michael diesen entscheidenden Moment der ganzen Erdentwicklung – den Tod Christi am Kreuz auf Golgatha – auch miterlebt und je auf ihre Weise bezeugt haben.

Auf die Kreuzigung Christi folgte zunächst die Höllenfahrt, ein Abstieg in die Tiefen der Erde, wo Christus allen fest gebannten Wesen seinen Erlösungsimpuls gegeben hat. Erst der dritte Schritt ist dann die Auferstehung am Ostersonntag. Karfreitag und Karsamstag müssen vorher durchlebt und durchlitten werden. Christus ist uns vorangeschritten, die Menschheit als Ganzes folgt nun langsam nach. Anton Kimpfler hat mehrfach in Vorträgen darauf hingewiesen, dass wir diesen Dreischritt folgendermaßen mit dem neueren Zeitgeschehen verbinden können:

1833 bis 1933 erfolgte der Menschheits-Karfreitag, von der Ermordung Kaspar Hausers bis zur Machtergreifung Adolf Hitlers.

1933 bis 2033 geschieht nun der Menschheits-Karsamstag, beginnend mit der Höllenschlund-Öffnung der Jahre 1933-45.

2033 bis 2133 kann dann eine Menschheits-Auferstehung nachfolgen, wenn wir in der Lage sind, uns den helfenden Christus-Kräften wahrhaft zu öffnen, wofür wir auch die Hilfe von Widar und Michael benötigen werden.

Denn es gehört zum Mysterium des Bösen, dass der Mensch, auf der Freiheitsstufe angelangt, sein Menschsein auch verspielen und verlieren kann. Gerade deshalb ist es so entscheidend, die Kräfte und Wirkensweisen des Bösen differenziert zu begreifen. Und immer deutlicher zu erkennen, wie alles Böse letztlich auf konkrete widersacherische Wesen zurückzuführen ist. Eine solche Differenzierung und auch Phänomenologie des Bösen sei hier versucht; versucht in einem widarischen Geist, friedlich und energisch zugleich.

Dante Alighieri hat in seiner *Göttlichen Komödie* gleich zu Beginn dargestellt, wie es auf dem Lebens- und Erkenntnisweg zu einer Begegnung mit drei gefährlichen Tieren kommen kann, die den Menschen bedrängen und angreifen. Wir wollen das die *individuelle Auseinandersetzung* mit dem Bösen nennen, im Unterschied zur *menschheitlichen Auseinandersetzung*, auf die wir später noch zu sprechen kommen werden. Rudolf Steiner hat im roten Fenster des ersten Goetheanum und in den «Klassenstunden» von 1924 diese drei Tiere auch charakterisiert. Es sind nach seinen Darstellungen drei «Erkenntnisfeinde», Kräfte und Wesenheiten, die unsere drei Seelenkräfte korrumpieren. Denken, Fühlen und Wollen drohen durch den Einfluss dieser drei Tiere böse zu werden. Hören wir einmal Dante, wie er diese Auseinandersetzung und Prüfung schildert:

«Und siehe, beinah am Beginn der Schwelle
Schien sich ein flinker Pardel zu ergehn,
Bedeckt von einem ganz gescheckten Felle:

Er wollte nicht mir aus den Augen gehn
Und hinderte mich so auf meinem Grunde,
Dass ich mir öfters vornahm umzudrehn.
...
Doch eine neue Angst nahm mir die Ruh:
Denn plötzlich kam ein Löwe mir entgegen.

Es sah so aus, als käm er auf mich zu,
Und als er hungrig schüttelte die Mähne,
Da bebte, schien es, selbst die Luft dazu.

Auch eine Wölfin trat jetzt auf die Szene,
Von allen Lüsten schwer und doch so dünn;
Um ihretwillen rollte manche Träne;

Sie lastete so schwer auf meinem Sinn;
Ich fühlte ihrem Anblick Furcht entströmen;
Da schwand die Hoffnung auf die Höh dahin.»[46]

Der scheckige Leopard steht für ein sprunghaftes, assoziatives Denken, das alles «anspringen», aber nichts innerlich erfassen kann. In den Klassenstunden[47] wird das als der bohrende und alles zersetzende Zweifel im Denken beschrieben. Der Löwe ist Ausdruck für ein aufgeblähtes, egoistisches Fühlen, das alles zu «verschlingen» droht. Als Hohn und Spott, gesteigert bis zum Hass, kann sich das ausleben – wie wir es schon bei der Betrachtung von Lokis Zankrede aus der *Edda* erleben konnten. Und schließlich die furchtbare Wölfin, die den verhärteten, zerstörenden Willen repräsentiert. Dem liegt eine abgrundtiefe Angst zugrunde, die alles zum Erliegen bringen kann; der Mensch ist dann wie festgebannt, apathisch, handlungsunfähig. Dante hat die drei Tiere imaginativ geschaut, Rudolf Steiner hat sie intuitiv erkannt. Beide weisen auf Kräfte, denen der moderne Mensch ausgesetzt ist.

Zweifel, Hass und Angst – im Bilde Leopard, Löwe und Wölfin – sind Ausdrucksformen des Bösen im Menschen, mit denen heute jeder tagtäglich zu ringen hat. Wie viele Menschen plagt nicht eine existenzielle Zukunftsangst? Unzählige Menschen leiden an Depressionen und tiefen Lebenszweifeln, bis hin zu Verzweiflung und Selbstmord. Und Hohn und Spott bis hin zu Hass prägen vielfach den Alltag; man studiere dazu nur einmal

46 Dante Alighieri, *Die Göttliche Komödie,* übersetzt von W. G. Hertz, München [11]1995, 1. Gesang.

47 Siehe hierzu Rudolf Steiner, *Esoterische Unterweisungen für die erste Klasse der Freien Hochschule für Geisteswissenschaft am Goetheanum,* GA 270/1, Dornach [3]2008.

verschiedene Tageszeitungen im Hinblick auf politische und kulturelle Ereignisse und Kommentare. Im Internet tritt dieses Phänomen durch «Hass-Kampagnen» etc. noch gesteigert auf. An der Wirksamkeit der «drei Tiere aus dem Abgrund» sind drei verschiedene Widersacher des wahren Menschseins zu erkennen. Mit Rudolf Steiner kann man sie Luzifer, Ahriman und die Asuras nennen. Ahriman führt das Denken in den Zweifel; er will, dass wir gänzlich an unserem göttlichen Geist-Ursprung irre werden, verzweifeln und ihn schließlich verleugnen. Luzifer hingegen verführt das Selbstgefühl, gaukelt uns mancherlei Illusionen vor, die zu Hochmut und Selbstüberschätzung führen. Der darauf folgende Absturz – der früher oder später erfolgen muss – führt dann zu Hohn und Spott des zweiten Tieres. So selbstmitleidig wir dann vielleicht sind, es fehlt jegliche wahre Empathie mit anderen in diesem Seelenzustand. Der dritte Angriff – die Korrumpierung des Willens – ist am gefährlichsten. Hier zielen die Asuras auf eine willentliche Selbstzerstörung, wie sie bei Selbstmordattentätern beispielsweise traurige Realität erlangt hat. Luzifer zieht uns in luftige Höhen, Ahriman verfestigt uns zu sehr nach unten in die Schwere – die Asuras wollen jedoch das menschliche Ich geradezu verdrehen und zerfetzen. Ihre Wirksamkeit hat innerhalb der Menschheitsentwicklung erst im 20. Jahrhundert begonnen, wird aber in die Zukunft hinein stetig zunehmen. In einem Vortrag über *Geisteswissenschaftliche Menschenkunde* (in GA 107) hat Rudolf Steiner 1909 zum ersten Mal diese drei Kategorien des Bösen ausführlich beschrieben.

Das Wirken dieser drei Widersacher des Menschen ist vom göttlichen Schöpfer zugelassen, wir sind diesen Wesen ständig ausgesetzt. Und wir können auch den tieferen Grund davon erahnen: Im Hinblick auf unser Freiheits-Werden – der Mensch ist dazu berufen, ein freies und schöpferisches Wesen zu werden – sind stärkste Widerstände aufgerufen oder auch frei gelassen, um uns zu versuchen. Ja, vielleicht gehört es auch zum Mysterium des Bösen, dass nur der freie Mensch etwas erlösen kann (mithilfe des Christus), was aus der bisherigen Evolution, in Abstufungen des Böse-Werdens, herausgefallen ist. Der luziferische Einschlag im alten Lemurien, der in der Bibel als Sündenfall geschildert wird, wurde nach Rudolf Steiner von den guten Göttern ausgeglichen, indem sie Krankheit und Tod über das Menschengeschlecht verhängten. Durch Krankheit und Tod wird uns unsere menschliche Endlichkeit bewusst; kein Mensch kann sich dem entziehen, und das ist gut so, schützt es doch vor der luziferischen Totalerhöhung und erzieht zur Demut. Rudolf Steiner führt aus: «Die luziferischen Geister haben dem Menschen die sinnliche Begierde gegeben; die höheren Wesenheiten haben ihre Gegenmittel ergriffen in dem Sinne, dass der Mensch nunmehr nicht unbedingt dieser Sinnenwelt verfallen konnte, indem sie ins Gefolge der sinnlichen Begierden und sinnlichen Interessen Krankheit und Leiden gesetzt haben, sodass in der Welt genau ebenso viele Leiden und Schmerzen sind wie bloßes Interesse für die physische, sinnliche Welt.»[48]

Das Wirken Ahrimans setzte dann auf der alten Atlantis ein. Die guten, mit der Menschheit fortschreitenden Götter schufen auch hier einen Ausgleich: das Karma. Das Karma ist die Antwort der guten Götter auf das Wirken Ahrimans! Daher hasst Ahriman das Karma. Denn was bewirkt es? Dass alles, was geschieht, eine ausgleichende Folge haben wird; dass jeglicher Entwicklungsschritt nie ein Ende ist, sondern dass

48 Rudolf Steiner, *Geisteswissenschaftliche Menschenkunde,* GA 107, Dornach [3]1973, S. 244.

in den Rhythmen der Zeit, auch in späteren Erdenleben, der Mensch seine üblen Taten wiedergutmachen kann. Das ist eine Zumutung für Ahriman, der alles festhalten, programmieren und kontrollieren will. Sein Ideal ist die perfekte Welt-All-Maschine und alle Menschen ein funktionierendes Teilchen darin. Tod und Wiedergeburt eines geistigen Menschenwesens, das sich aus Freiheit weiterentwickelt, ist da ein großer Störfaktor, den es zu optimieren gilt. Rudolf Steiner sagt hierzu: «Ohne Karma wäre unser Fortschreiten in der menschlichen Laufbahn unmöglich. Karma erweist uns die Wohltat, dass wir jeden Irrtum wiedergutmachen müssen, dass wir alles, was wir rückwärts getan haben, wieder verrichten müssen. So trat als die Folge der Taten des Ahriman Karma auf.»[49]

Nun zu den Asuras. Sie sind noch früher abgefallen von der fortschreitenden Entwicklung (auf dem alten Saturn) und damit noch böser als Luzifer und Ahriman. Nach Rudolf Steiner beginnen sie erst im 20. Jahrhundert ihre Wirksamkeit in der Menschheit, vorher konnten und durften sie nicht Einfluss nehmen. Die Asuras wollen nichts mehr *mit dem* Menschen (wie Luzifer und Ahriman); sie sind Unwesen der Zerstörung und der Ich-Zerstückelung. Luzifer will uns zu schönen, aber erdenflüchtigen und letztlich geistig-unfreien Engeln machen. Ahriman will uns einspeisen in das World Wide Web, das große Spinnennetz, und «hochladen» in seine perfekte Welt-Maschine. Dafür braucht er uns aber als Rädchen im großen Triebwerk. Die Asuras hingegen zerstören alles menschliche Leben. «Denn diese asurischen Geister werden bewirken, dass das, was von ihnen ergriffen ist – und es ist ja des Menschen tiefstes Innerstes, die Bewusstseinsseele mit dem Ich –, dass das

49 Ebenda, S. 246.

Ich sich vereinigt mit der Sinnlichkeit der Erde. Es wird Stück für Stück aus dem Ich herausgerissen werden, und in demselben Maße, wie sich die asurischen Geister in der Bewusstseinsseele festsetzen, in demselben Maße muss der Mensch auf der Erde zurücklassen Stücke seines Daseins. Das wird unwiederbringlich verloren sein, was den asurischen Mächten verfallen ist.»[50] Eine furchtbare und auch angsterregende Perspektive! Und rätselhaft dazu, gerade in einem Buch über Widar, der alles einsammelt und wieder zurückbringt, was schon verloren geglaubt war. Wie steht Widar zu den Asuras? Hat sein Wirken im 20. Jahrhundert so deutlich und energisch begonnen, weil die Menschheit eines neuen Schutzes bedarf?

Erschütternd ist auch, dass Steiner deutlich zum Ausdruck bringt, dass ein Ausgleich der Asuras nicht so leicht möglich ist, und er gibt auch nicht das ausgleichende Heilmittel der guten Götter an, wie er das bei Luzifer (Krankheit und Tod) und Ahriman (Karma) tut. Das steigert das Rätselhafte dieses Vortrages noch und ebenso die Dringlichkeit der Frage, ob uns Widar hier weiterhelfen kann? Vielleicht können auch nur Menschen und Götter *gemeinsam* – ganz im Sinne der Götterdämmerung – das dritte Heilmittel finden?!

Das Wirken der Asuras war im Jahre 1909 erst am Horizont der Geschichte für den Eingeweihten Rudolf Steiner sichtbar. Heute kann es jeder sehen und erleben: Sei es die völlig enthemmte Pornografie im Internet sowie der sexuelle Missbrauch von Kindern, wo menschliches Urvertrauen und gesunde Verankerung im Leben restlos zerstört werden; seien es die Selbstmordattentäter, die sich im Namen ihres Gottes in die Luft sprengen und möglichst viele andere Menschen mit in den Tod

50 Ebenda, S. 248 f.

reißen wollen; oder die alles zerstörenden Atombomben und in weltweit verbreiteter Form die Atomkraftwerke, die eigentlich als schlummernde Bomben zu bezeichnen wären, was die Atomkatastrophen von Tschernobyl und Fukushima belegen.

Der Philosoph Günther Anders hat schon 1956 in seinem Buch *Die Antiquiertheit des Menschen* die geistige Signatur des Atombombenzeitalters sehr klar und verantwortungsvoll ausgelotet. Anthroposophisch gesprochen, beschreibt er bei seiner Charakterisierung der Atombombe eben jenes dritte Böse nach Luzifer und Ahriman, die sogenannten Asuras, Wesen, «die, obwohl sie kein ‹Wesen› hatten, doch da-waren» – als reine Zerstörungskraft. Günther Anders schreibt: «Klassifizieren kann man die Bombe nicht. Sie ist ontologisch ein Unikum. Und das macht ihren anarchischen Charakter aus. Wesen, die man nicht klassifizieren konnte, nannte man früher ‹monströs›; das heißt: als ‹monstra› hatten Wesen gegolten, die, obwohl sie kein ‹Wesen› hatten, doch da-waren und, der Frage, was sie seien, ins Gesicht lachend, ihr Unwesen trieben. Ein solches Wesen ist die Bombe. Sie ist da, obwohl wesenlos. Und ihr Unwesen hält uns in Atem.»[51]

Das gehört auch zum Mysterium des Bösen in unserer Zeit, dass einzelne Menschen wie Rudolf Steiner oder eben Günther Anders wahrnehmend und denkend die widersacherischen Unwesen erfassen können und sogar Zeugnis davon ablegen und dennoch diese Erkenntnisse für die meisten Menschen «okkult» bleiben, das heißt unbekannt, im Grunde aus Desinteresse und Lethargie. Was dabei auf dem Spiel steht, wird jedoch von Tag zu Tag deutlicher.

51 Günther Anders, *Die Antiquiertheit des Menschen,* Band 1, München 1992, S. 254 f.

Sorat der Sonnendämon

Eine vierte Kategorie des Bösen stellt der Sonnendämon Sorat dar, der direkte Gegenspieler des Christus. Man kann ihn auch den Anti-Christus nennen, da er eine Art kosmisches Gegen-Ich ist und die absolute Negation des Ich-bin darstellt. In der *Apokalypse* des Johannes wird er als das zweigehörnte Tier aus dem Abgrund beschrieben, welches auch mit der Zahl 666 zusammenhängt.

Im 12. und 13. Kapitel der *Apokalypse* erscheinen nacheinander auch drei Tiere. Zuerst ein großer, roter Drache, «der hatte sieben Häupter und zehn Hörner und auf seinen Häuptern sieben Kronen». (Apk 12,3) Diesen roten Drachen, der aus dem Himmel geworfen wird, verstehen wir als Luzifer. Ihm folgt dann ein Tier, das aus dem Meer aufsteigt. «Und ich sah ein Tier aus dem Meer steigen, das hatte zehn Hörner und sieben Häupter und auf seinen Hörnern zehn Kronen und auf seinen Häuptern lästerliche Namen.» (Apk 13,1) Dieses Tier, das aus dem Meer aufsteigt – ähnlich beschrieben wie der Drache und doch ganz anders –, begreifen wir als Ahriman. Der Drache übergibt ihm seine Macht: «Und der Drache gab ihm seine Kraft und seinen Thron und große Macht.» (Apk 13,2)

Bernd Lampe nennt in seiner neusten Übersetzung dieses Tier aus dem Meere den ersten Tyrannen (unserer Zeit); denn dieser bahnt Sorat den Weg. «So werden dann alle Menschen, die sich auf der Erde eingerichtet haben, vor dem Tyrannen niederfallen, alle, deren Name noch nicht eingezeichnet ist in die Chronik des Lebens. Jenes Lebens, das aus dem Opfer des Lammes, aus Seiner Überwindung der Welt des Irdischen erwachsen ist. ... Danach schaute ich ein anderes Untier, einen zweiten Tyrannen, einen Magier, der (von Osten) aus dem Landinneren heraufkam. Dieses Untier hatte zwei weit aufragende Hörner und glich äußerlich einem Lamm. Aber Geräusche gab es von sich wie *Drákon.* Dieser Magier übt nun alle Vollmacht des ersten Tyrannen in dessen Gegenwart aus. Und er bewirkt, dass die Stoffe und Kräfte der Erde und alle Menschen, die sich auf der Erde eingerichtet haben, dem ersten Tyrannen, dessen Todeswunde geheilt wurde, hündisch zu Diensten sind.»[52]

Der erste Tyrann – eine Bestie mit zehn Hörnern und sieben Köpfen – kann als Ahriman verstanden werden, der ein Imitat des Vatergottes sein will. Ahriman wirkt über die Verknöcherung der Zahl 10, auch der Zahl 100. Dieser erste Tyrann hat gewissermaßen einen Sohn, das zweigehörnte Lamm, eine Art Gegen-Sohn, Sorat, die 666, wie die *Apokalypse* uns sagt. Dieser ist das Tier, das aus der Erde aufsteigt. Dieser zweite Tyrann wirkt als Magier unter den Menschen und verführt sie mit einem Idol, das er weltweit verbreitet: «Schließlich verwirrt der Magier die Menschen, die sich den irdischen Einrichtungen angepasst haben, durch zeichenhafte Wunderbilder. Ihm war gegeben, sie in Gegenwart des ersten Tyrannen, der Bestie, zu vollziehen. Und er forderte nun die Menschen über die ganze Erde hin auf, ein Abbild des ersten Tyrannen zu schaffen; ein Idol der Bestie mit dem Schnitt an der Halsschlagader, der Bestie mit der Todeswunde, die wieder geheilt worden war. Ja, es wurde dem Magier sogar gegeben, dass er etwas wie Geist diesem Bild-Idol einflößen konnte. Und nun lallte das Abbild mit magischer Kraft und bewirkte, dass alle Menschen, die nicht vor ihm, dem Abbild der Bestie, in den Staub fallen würden, aus dem Leben unter Menschen herausgedrängt wurden. Denn das

52 Johannes, *Apokalypse,* in der Übersetzung von Bernd Lampe, Kapitel 13,8 – 13,12, Dürnau [4]2013.

lallende Abbild bringt es dahin, dass alle Menschen, Geringe und Mächtige, Reiche und Arme, Hochgeborene und Unterjochte sich selbst eine Zeichenschrift auf die rechte Hand oder auf die Stirn prägen. Das hat zur Folge, dass niemand mehr auf dem Markt kaufen oder verkaufen kann, der nicht die Prägung des Tyrannen an seinem Leib trägt ...»[53]

Die konkreten Bezüge zu unserer Zeit – etwa seit dem Jahre 1998 – sind kaum zu übersehen: Das Bild-Idol, dem so etwas wie Geist eingeflößt wurde, das ist der Computer beziehungsweise das Smartphone, das «lallende Abbild» der Bestie (ein Abbild des intelligenten Ahrimans). Dieses «lallende Abbild», die Medienmaschine, hat in kürzester Zeit die Welt erobert. Wie präzise beschreibt das der Apokalyptiker Johannes vor zweitausend Jahren! Alle Menschen – Geringe und Mächtige, Reiche und Arme, Hochgeborene und Unterjochte – huldigen der Medienmaschine, tragen sie unablässig bei sich, in der rechten Hand und lassen sich ihr Zeichen aufprägen (man denke beispielsweise an die mittlerweile schon freiwillig unter die Haut implantierten Computerchips). Niemand kann mehr kaufen und verkaufen, der nicht die Prägung des Tyrannen an seinem Leib trägt. Dazu ein weiteres aktuelles Beispiel: In Schweden ist nun das Bargeld schon weitgehend abgeschafft. Da kann nur noch kaufen und verkaufen oder in öffentlichen Verkehrsmitteln mitfahren, wer über die entsprechenden Geräte und Karten (mit Chips) verfügt. Manfred Spitzer zeigt in seinem neusten Buch *Die Smartphone-Epidemie* (2018) das Ausmaß der aktuellen apokalyptischen Lage solide und erschütternd zugleich auf.

Rudolf Steiner hat 1908 in Nürnberg über *Die Apokalypse des Johannes* (GA 104) einen Vortragszyklus gehalten, in dem er

53 Ebenda, 13,14 – 13,17.

auch auf das Wirken Sorats zu sprechen kommt. «Es ist auch ein Sonnendämon da, das sogenannte Dämonium der Sonne, dasjenige, was in den bösen Kräften der Menschen wirkt, zurückstoßend die Kraft des Lammes. Und es wirkt so, dass ein gewisser Teil des menschlichen Geschlechtes ausgestoßen wird von der Entwicklung, die zur Sonne führt. Das sind die gegnerischen Kräfte der Sonne, die in Opposition zur Sonne stehen. Das sind zu gleicher Zeit diejenigen Kräfte, die die Anlage haben, wenn die 666 Entwicklungszustände verflossen sein werden, ganz hinausgeworfen zu werden aus unserer Entwicklung; sie werden dann letztgültig ausgestoßen sein in den Abgrund.»[54] Sorat ist der große Verführer, der die Menschen dazu bringen will, sich ganz und gar von dem Christus abzuwenden, den Christus zu verleugnen und den Gegen-Christus, gleichsam die schwarze Sonne, anzubeten. Doch wieder schaudert etwas in der eigenen Seele zurück, ähnlich wie schon bei der Betrachtung der Asuras, und wir fragen uns: Kann es wirklich sein, dass Anteile des Ich-Wesens unwiederbringlich verloren gehen (durch die Asuras), und jetzt noch gesteigert durch Sorat, ein Teil der Menschheit aus der Entwicklung «letztgültig» herausfällt und verloren geht im Abgrund? Wie kann der Vatergott das zulassen? Wie kann Christus so etwas zulassen?

Fragen, die schwer wiegen. Fragen, die wohl mit dem Kopf nicht zu lösen sind. Fragen, die wir sinnend und suchend Widar, Michael und Christus entgegentragen wollen. In der eigenen Seele kann zumindest eine Stimme vernehmbar werden, die sagt: «Ich will nicht auf Kosten anderer Menschen erlöst werden, ich will nicht mich selig weiterentwickeln, während andere Menschen ihr

54 Rudolf Steiner, *Die Apokalypse des Johannes,* GA 104, Dornach [8]2006, S. 229.

Menschsein verlieren und Sorat verfallen. Wir gehören doch alle zusammen als eine Menschheitsfamilie – ich will nur erlöst werden, wenn auch alle anderen Menschen erlöst sein werden.»

Rudolf Steiner enthüllt noch Wesentliches über den Angriffspunkt Sorats im Menschen. «Die Menschen selber können keine Gegner des Christus sein, können nur sozusagen durch das, was in ihnen an falscher Kraft ist, versäumen, das Christus-Prinzip in sich aufzunehmen. Aber es gibt einen solchen Gegner: das Sonnendämonium. Das erscheint, sobald etwas da ist, das ihm zur Beute fallen kann. Bevor die Beute da ist, bevor die Menschen da sind mit den sieben Köpfen und zehn Hörnern, da ist nichts zu verführen, da hat auch der Verführer nichts zu suchen. Dann aber, wenn der Mensch mit solchen Anlagen erscheint, dann kommt der Verführer. Und er erscheint als das zweite Tier und verführt.»[55] Durch dieses Zitat wird auch deutlich: Das Tier mit den zehn Hörnern und den sieben Köpfen tragen wir alle in uns. Ahrimanisches durchsetzt unsere Organisation (auch Luziferisches), was uns noch bei der Betrachtung von Krankheit und Gesundheit intensiv beschäftigen wird. Das gilt es – mithilfe des Christus – in unserem eigenen Wesensgefüge zu überwinden und zu verwandeln. Das hat mit der ehrlich-ringenden Auseinandersetzung mit Ahriman und Luzifer zu tun. Denn erst wenn diese unmenschlichen Anlagen in uns überhandnehmen, kann das zweigehörnte Tier (Sorat) erscheinen und uns verführen.

Wie wirkt Sorat? Die Antwort lautet: Durch all das, was wir schwarze Magie nennen müssen. «Der Missbrauch der spirituellen Kräfte hängt zusammen mit jener verführerischen Kraft des Tieres mit den zwei Hörnern. Und wir nennen diesen Miss-

55 Ebenda, S. 232 f.

brauch der spirituellen Kraft die schwarze Magie im Gegensatz zum richtigen Gebrauch, den wir die weiße Magie nennen.»[56] Das Abc der schwarzen Magie besteht darin, zu foltern und zu töten, und dabei als Täter Lustgefühle am Leid der Opfer zu entwickeln, bewusst den Schmerz anderer Wesen auszukosten, um zu einer (perversen) Selbstbewusstseins-Steigerung zu gelangen. Diese Praktiken wurden bei der Vernichtung des Templerordens durch Philipp den Schönen am Anfang des 14. Jahrhunderts angewandt. Und im 20. Jahrhundert in den Konzentrationslagern der Nationalsozialisten noch gesteigert. Da Sorat nicht «einfach irgendwie» die Auslöschung des Menschen und des Christus-Impulses verfolgt, sondern hochintelligent und planvoll vorgeht, ist es wohl unvermeidbar, einmal bewusst in die «Werkstatt» der schwarzen Magie Sorats hineinzublicken – der anteilnehmende und verstehende Blick auf unvorstellbares Leiden scheint uns eine widarische, und trotz allem heilsame Geste im Angesicht Sorats zu sein.

Paul Emberson hat in seinen umfangreichen Forschungen zur Entwicklung der Datenverarbeitung und der Zukunft der Computertechnik unter dem Titel *Von Gondishapur bis Silicon Valley* auch die Vernichtung des Templerordens und ihre spirituellen (bösen) Hintergründe beschrieben: «Durch das Zufügen intensiver Schmerzen wurden die Ritter an die Grenze des physischen Bewusstseins gebracht – an den Abgrund, aus dem jene grässlichen Gestalten der Perversion aufsteigen: die Ungeheuer, die sie jedes Mal, wenn sie die Schwelle überschritten hatten, angetroffen und überwunden hatten [die drei Tiere aus dem Abgrund; A. d. V.]. Aber jetzt, in ihrem äußerst geschwächten Zustand und unter den Qualen der Folterung,

56 Ebenda, S. 233.

waren sie der Stärke beraubt, um jene Kräfte der Schlechtigkeit zu überwinden, die aus dem bodenlosen Abgrund aufstiegen. Immer wieder wurden sie durch die Folter zu diesem Punkt gebracht und in diesem Zustand dem Verhör unterzogen. Das Verhör war eine Litanei, die ihren hilflosen Seelen immer tiefer ihre Verbindung mit all demjenigen und ihre Unterwerfung unter all dasjenige einprägte, was aus den Tiefen aufstieg. Und allmählich formte sich in ihrem verwundeten Gemüt die Schau eines riesigen scheußlichen Tieres mit zwei Hörnern, das ihre innere Sehnsucht nach Christus verdunkelte und das in ihren Seelen den Platz des Christus einnahm. Diese furchtbare Schau ist in den ‹Geständnissen› jener edlen Ritter aufgezeichnet, und ihr wurde der Name Baphomet gegeben. Es war eine Schau des Sorat, der auf diese Weise ihr Gott geworden war.»[57]

Es geht Sorat also darum, dass die Menschen sich bewusst – wenn auch in diesem Fall unter höchsten Qualen und damit erzwungen – von Christus abwenden und ihn, das Tier aus dem Abgrund, anbeten. Da er selbst nichts Aufbauendes und Weiterführendes für die Erdenentwicklung leisten kann, will er nicht nur alle fruchtbare Weiterentwicklung vereiteln, sondern auch den Menschen dazu bringen, «freiwillig» sein Entwicklungspotenzial, das heißt aber im Grunde den «Christus im Ich», zu verleugnen, wegzuwerfen, sich endgültig abzuschneiden von dem wahren «Ich-bin». Damit ist der Mensch vor eine einschneidende Wahl gestellt: Entweder Christus oder Sorat. Es gehört zum Geheimnis der menschlichen Freiheit, dass jeder Mensch auf seinem Entwicklungsweg vor diese Wahl gestellt wird. Vor diesem Hintergrund hat sogar die Existenz des Sorat

57 Paul Emberson, *Von Gondhishapur bis Silicon Valley,* Band 1, Schweiz und Schottland September 2012, S. 147.

einen Sinn für uns. Er «ermöglicht» radikal diese existenzielle Grundsatzentscheidung *für* den Christus, da er den Menschen den Absturz in den Abgrund so drastisch vor Augen führt.

In einem Vortragszyklus über die Apokalypse vor Priestern der Christengemeinschaft, gehalten im September 1924, hat Rudolf Steiner noch ganz andere Gesichtspunkte und Perspektiven zu Sorat entwickelt. Beim Lesen dieser Darstellungen stößt man immer wieder an die Grenzen des menschlichen Auffassungsvermögens. Aber gilt das nicht schon für die Worte des Apokalyptikers selbst, die seit zwei Jahrtausenden die Menschen erschüttern und bewegen? Das Auftreten der apokalyptischen Tiere bringt Steiner hier in Zusammenhang mit dem Auftreten von Kometen am Himmel: «Überall, wo der Apokalyptiker vom Tiere redet, redet er eigentlich von der Kraft und Wirksamkeit von Kometen.»[58] Immer wieder kommen Kometen der Erde gefährlich nahe, wobei sich ein solcher Komet auch unvorhergesehen auflösen kann in kleine Teilchen.[59] Im Kometenregen, der die Erde dann erreicht, wird diese mit Stoffen imprägniert, die eine feine Wirkung haben auf den Menschen,

58 Rudolf Steiner, *Apokalypse und Priesterwirken,* GA 346, Dornach 1995, S. 233.

59 «Jeden Tag fallen etwa hundert Tonnen interplanetarisches Material auf die Erde – vieles davon in Form kleiner Staubpartikel, die in der Erdatmosphäre verglühen und als Sternschnuppen sichtbar sind. Allein in den Jahren 1993 bis 2013 zählte die US-Raumfahrtorganisation Nasa 556 Einschläge von Asteroiden. Der letzte größere Vorfall war der Meteor von Tscheljabinsk, der im Februar 2013 in der russischen Ural-Region niederging, dort etwa 1500 Menschen verletzte und für viele Schäden sorgte. Weil der Himmelskörper aus Richtung der Sonne kam, wurde er von keinem Programm zur Himmelsüberwachung entdeckt.» Tanja Banner in *Frankfurter Rundschau,* 27.8.2018.

auch durch die Nahrungsaufnahme. «Die Erde verzehrt die Kometensubstanz, sie gibt sie spiritualisiert wieder von sich und das vereinigt sich mit den Astralleibern der Menschen in gutem und in bösem Sinne.» Und weiter: «Wir essen die Kometeneinschläge, das kometarische Ferment, das vom Kosmos der Erde gegeben wird, wir essen es mit unserem Brote.»[60]

Vor diesem Hintergrund macht Rudolf Steiner dann selbst eine prophetische Aussage apokalyptischen Charakters: «1933, meine lieben Freunde, bestünde die Möglichkeit, dass die Erde mit allem, was auf ihr lebt, zugrunde ginge, wenn nicht die andere weise Einrichtung da wäre, die sich nicht errechnen lässt. ... Man müsste im Sinne des Apokalyptikers sagen: Ehe denn der ätherische Christus von den Menschen in der richtigen Weise erfasst werden kann, muss die Menschheit erst fertig werden mit der Begegnung des Tieres, das 1933 aufsteigt.»[61] Damit ist deutlich darauf gewiesen, dass die Kräfte und Wesenheiten, die mit Adolf Hitler 1933 an die Macht kamen, soratischen Ursprungs sind. Hitler als Person muss wohl auch als eine Art «menschliche Leerstelle» begriffen werden, in der Sorat – zumindest zeitweise – gerade aufgrund der Abwesenheit eines eigenständigen Ich umso stärker wirken konnte. Der «große Führer» war selbst ein Geführter von einer Macht, die alles menschliche Maß übersteigt. Das würde die Massenhysterien erklären, die Hitler entfesseln konnte, sein geradezu übernatürliches Geschütztsein vor allen auf ihn verübten Attentaten, und gleichzeitig seine blasse, nichtssagende Persönlichkeit in den Momenten, wo die Soratmacht nicht durch ihn wirkte. Die metaphysische Dimen-

60 Rudolf Steiner, *Apokalypse und Priesterwirken,* GA 346, Dornach 1995, S. 238 f.

61 Ebenda, S. 239 f.

sion von Adolf Hitler wurde von Hans und Sophie Scholl in den Flugblättern der *Weißen Rose* klar bezeugt und ausgesprochen: «Wer aber heute noch an der realen Existenz der dämonischen Mächte zweifelt, hat den metaphysischen Hintergrund dieses Krieges bei Weitem nicht begriffen. Hinter dem Konkreten, hinter dem sinnlich Wahrnehmbaren, hinter allen sachlichen, logischen Überlegungen steht das Irrationale, das ist der Kampf wider den Dämon, wider den Boten des Antichrist.» (Aus dem vierten Flugblatt der *Weißen Rose*, Ende Juni 1942)

Die unvorstellbaren Grausamkeiten in den Vernichtungslagern der Nationalsozialisten können hier nicht im Einzelnen besprochen werden – sie sind aber Teil des umfassenden Abc der schwarzen Magie Sorats und planvoll umgesetzt worden. Stellvertretend seien hier einige herausragende Zeugen dieser finstersten Abgründe des 20. Jahrhunderts genannt, allesamt Überlebende der Konzentrationslager, die nach 1945 von ihren Erlebnissen, dem Unvorstellbaren und Unbeschreiblichen, berichteten: Jorge Semprún (*Die große Reise*) und Jacques Lusseyran (*Das wiedergefundene Licht*), die beide das Konzentrationslager Buchenwald bei Weimar überlebt haben. Imre Kertész (*Ich – ein anderer*), Viktor Frankl (... *Trotzdem Ja zum Leben sagen*) und Primo Levi (*Ist das ein Mensch?*) sind alle drei Überlebende von Auschwitz. Auch auf Esther Bejarano, die im Mädchenorchester von Auschwitz überlebte, sei hingewiesen.[62]

Primo Levi, 1919 geboren und 1943 als Mitglied der Resistenza in Italien verhaftet und nach Ausschwitz deportiert, nahm sich nach all der ichhaften Durcharbeitung des Grauens, die seine Bücher bezeugen – wahrlich ein Dienst an der ganzen

62 «Auschwitz war ein einziges Zittern», Interview in *Flensburger Hefte*, Nr. 127, 1/2015.

Menschheit –, tragischerweise im April 1987 das Leben. Die Schatten von Auschwitz waren auch Jahrzehnte danach noch übermächtig. Hören wir an dieser Stelle einmal seine Stimme, das Gedicht «Ist das ein Mensch?»:

Ihr, die ihr gesichert lebet
In behaglicher Wohnung;
Ihr, die ihr abends beim Heimkehren
Warme Speise findet und vertraute Gesichter:
Denket, ob dies ein Mann sei,
Der schuftet im Schlamm,
Der Frieden nicht kennt,
Der kämpft um ein halbes Brot,
Der stirbt auf ein Ja oder Nein.
Denket, ob dies eine Frau sei,
Die kein Haar mehr hat und keinen Namen,
Die zum Erinnern keine Kraft mehr hat,
Leer die Augen und kalt ihr Schoß
Wie im Winter die Kröte.
Denket, dass solches gewesen.
Es sollen sein diese Worte in eurem Herzen.
Ihr sollt über sie sinnen, wenn ihr sitzet
In einem Hause, wenn ihr geht auf euren Wegen,
Wenn ihr euch niederlegt und wenn ihr aufsteht;
Ihr sollt sie einschärfen euren Kindern.

Oder eure Wohnstatt soll zerbrechen,
Krankheit soll euch niederringen,
Eure Kinder sollen das Antlitz von euch wenden.[63]

63 Primo Levi, *Ist das ein Mensch?*, München 1991, S. 9.

Das Ende dieses erschütternden Gedichts klingt wie ein Fluch. Wir verstehen Primo Levi allerdings so, dass nicht er persönlich einen Fluch ausspricht, sondern dass er ein objektives Karmagesetz anspricht: Wenn wir die Gräueltaten der Konzentrationslager nicht anschauen, erkennen und verarbeiten, *dann* wird in der Folge das Unbewältigte menschheitlich weiterwirken und wüten. Diese Verarbeitung der Abgründe des 20. Jahrhunderts ist wohl nur zusammen mit den Kräften Widars möglich, der stets das Weiterführende und Heilende bewahrt und pflegt.

Der Antichrist nach Solowjew

Der Aufschrei der geplagten Menschheit nach Erlösung von allen Übeln, der Ruf nach einem Retter in der Not, nach einem neuen Messias, der den Weltfrieden bringt, der die Hunger leidenden Menschenmassen erlöst, der die sozialen Ungerechtigkeiten beseitigt, beispielsweise durch ein bedingungsloses Grundeinkommen für alle – wir können es verstehen, dieses Bedürfnis nach einem starken Führer, der wirksam durchgreift und endlich die großen Zivilisationsprobleme löst. Und doch leitet uns dieser Gedanke zu einem weiteren Widersacherwesen – in unserer Zählung die fünfte Kategorie des Bösen –, zum eigentlichen Antichristen, wie Wladimir Solowjew ihn beschrieb, und der nicht mit Sorat verwechselt werden darf. Hier stoßen wir vielleicht auf die schwierigste Klippe im Verständnis des Bösen. Was soll der Unterschied sein zwischen Sorat und dem Antichristen, ist nicht Sorat schon der Antichrist? Und weiter gefragt: Was kann schlecht oder unchristlich sein an einem Welterlöser, wenn er wirklich Frieden schafft, das

Hungerproblem löst und Wohlstand, ja Kultur für alle Menschen verbreitet? Ist das nicht ganz im Sinne des Christus?

Schauen wir uns einmal die geniale *Kurze Erzählung vom Antichrist* von Wladimir Solowjew an, die er in seinem Todesjahr 1900 veröffentlichte, um diese und weitere Fragen zu beantworten. Solowjew ist einer der großen Dichter, Philosophen und Propheten der Menschheit. Er entwirft ein politisches Panorama, das in groben Zügen heute Wirklichkeit geworden ist. Er schildert prophetisch eine große kriegerische Auseinandersetzung zwischen Ost und West im Europa des 20. Jahrhunderts. Und dann heißt es: «Im einundzwanzigsten Jahrhundert stellte Europa eine Union mehr oder weniger demokratischer Staaten dar – die *Vereinigten Staaten von Europa*.»[64] Solowjew schildert nun einen sehr spirituellen und guten Menschen, einen großen Denker und Schriftsteller, dreiunddreißig Jahre alt, einen Menschenfreund und -förderer. Sein einziger Makel ist wohl, dass er zu einer gewissen Selbstliebe neigt, über deren Ausmaß er sich selbst und auch andere zunächst täuscht. So kommt es in diesem Menschen zu einer merkwürdigen Selbsterhöhung des Göttlichen: «Mit einem Wort, er meinte derjenige zu sein, der in Wirklichkeit Christus war. Aber dieses Bewusstsein seines höheren Wertes wirkte sich praktisch in ihm nicht als seine sittliche Verpflichtung für Gott und Welt aus, sondern als Recht und Vorzug vor anderen und vor allem vor Christus. Anfänglich hegte er auch gegen Jesus keine Feindschaft. Er erkannte Seine messianische Bedeutung und Seinen Wert an, aber im Grunde sah er in Ihm nur seinen größten Vorgänger. Die sittliche Tat Christi und Seine absolute

64 Wladimir Solowjew, *Eine kurze Erzählung vom Antichrist,* Stuttgart 2013, S. 29.

Einmaligkeit blieben diesem von Selbstliebe verdüsterten Geist unverständlich. Er argumentierte: ‹Christus ist früher als ich gekommen, ich erscheine als der Zweite; was jedoch der zeitlichen Folge nach später erscheint, ist dem Wesen nach das Erste. Ich komme als Letzter, am Ende der Geschichte, und zwar eben deshalb, weil ich der vollendete, endgültige Erlöser bin. Jener Christus ist mein Vorläufer. Seine Berufung ist es gewesen, meine Erscheinung anzukündigen und vorzubereiten.›»[65]

Dieser Übermensch, wie er auch genannt wird, hält sich also für den besseren Christus. Auch die Wiederkunft Christi begreift er so, dass sie sich auf ihn selbst leibhaftig bezieht. Doch all das ist nur Teil einer Vorbereitung der Inkarnation des Antichristen. Zunächst steigert sich dieser Auserwählte in einen grimmigen Hass gegen Christus hinein, aus Angst, Christus könnte doch wiederkommen und er müsste ihn dann anbeten und um Hilfe bitten. In der Ohnmacht dieses Hasses bekundet sich plötzlich eine Art Vater-Wesen und es entsteht vor den Augen des Lesers in Gesprächsform ein Gegenbild von Gott-Vater und Sohnes-Gott. «Mein lieber Sohn, an dir habe ich mein Wohlgefallen. Warum hast du mich nicht gesucht? Warum hast du jenen, den Schlechten, und Seinen Vater geehrt? Ich bin Gott, ich bin dein Vater! Jener Niedere, Gekreuzigte jedoch ist dir wie mir fremd. Ich besitze keinen anderen Sohn als dich. Du bist der Einzige, der Eingeborene, du bist gleich mir. Ich liebe dich und verlange nichts von dir. Du bist auch ohnehin schön, groß und gewaltig. Tue dein Werk in *deinem* Namen, nicht in meinem. In mir ist kein Neid auf dich. Ich liebe dich. Ich will nichts von dir haben. Derjenige, den du für Gott gehalten hast, hat von Seinem Sohne Gehorsam gefordert,

65 Ebenda, S. 30 f.

unbegrenzten Gehorsam, bis zum Tode am Kreuz, und Er hat ihm nicht am Kreuze geholfen. Ich fordere nichts von dir, aber ich werde dir helfen. Um deiner selbst willen, um deines eigenen Wertes und deiner Vollkommenheit willen und um meiner reinen, uneigennützigen Liebe willen, die ich für dich hege, will ich dir helfen. Empfange meinen Geist. Wie dich ehedem mein Geist in der Schönheit erstehen ließ, erschafft er dich jetzt in der *Kraft.*»[66]

Der auserwählte Übermensch schreibt nun ein geniales Buch, das alle Menschheitsprobleme auf einmal löst: *Der offene Weg zu Frieden und Wohlstand in aller Welt.* Dieses Buch überzeugt alle Menschen, es wird sozusagen ein Welt-Bestseller und gilt als die Offenbarung der totalen Wahrheit. Alle sind davon überzeugt, das ist der rettende Weg in die Zukunft! «Und der Wunder-Schriftsteller machte sich nicht nur alle geneigt, sondern war jedermann *angenehm,* sodass Christi Wort erfüllt ward: ‹Ich bin im Namen des Vaters gekommen, und ihr habt mich nicht aufgenommen; es wird ein anderer kommen in seinem eigenen Namen – den werdet ihr annehmen.›»[67]

Als erste Großtat bringt der Übermensch Friede für die ganze Welt: den lang ersehnten Weltfrieden. Im darauffolgenden Jahr seiner Weltregierung, die ihm von allen Seiten zugetragen wurde, führt er ein zweites Programm erfolgreich durch: Wohlstand für alle und die «Gleichheit der allgemeinen Sattheit». «Damit war die sozial-ökonomische Frage endgültig gelöst.»[68] Die dritte Wohltat für die ganze Menschheit ist dann eine Art magische Unterhaltung, Zeichen und Wunder, für alle Men-

66 Ebenda, S. 34.

67 Ebenda, S. 36.

68 Ebenda, S. 40.

schen, Tag und Nacht, sozusagen eine mediale Dauerberieselung. Nur ein kleines Häuflein von aufrechten Christen durchschaut das Wirken des Antichristen bei Solowjew. Diese Menschen werden aber von dem Glanz und Erfolg und der Macht des Antichristen hinweggefegt.

Auch hier stellen sich natürlich viele Fragen: Was ist denn so verwerflich an dem Wirken des Antichristen, er tut doch das Gute? Warum ist er ein Gegner des Christus, wo er doch Frieden, Wohlstand und Kultur fördert und (erfolgreich) verbreitet? Es lohnt sich, einmal innezuhalten und mit Widar-Ohren nach innen zu lauschen, was hier nicht stimmig ist. Es kann einem dann aufgehen, dass der Christus uns als Menschenbrüder und -schwestern in unserer je einzigartigen Individualität und persönlichen Entwicklungsmöglichkeit mit allen Schwächen bejaht. Der Christus wird sich nicht aufdrängen, er achtet die menschliche Freiheit zutiefst. Damit sind wir allerdings auch schon am springenden Punkt angelangt, den Antichristen zu durchschauen. Dieser verfolgt ein Programm *für alle,* er bringt eine Lösung *von oben,* er hat unaufhaltsam Erfolg, wird bejubelt und verehrt *von allen.* Um es auf den Punkt zu bringen: Er setzt das Gute um, aber ohne Freiheit. Äußerlich schafft er Gutes, das individuelle Wahrheitsstreben wird dabei jedoch ausgeschaltet. Das Paradies auf Erden soll entstehen, aber bei all dieser Machbarkeit des Guten geht das Menschsein verloren.

Christus spricht «Ich bin der Weg, die Wahrheit und das Leben» (Joh 14,6). Diese drei – Weg, Wahrheit und Leben – können und dürfen nie voneinander getrennt werden, ansonsten wird es unchristlich beziehungsweise antichristlich. Es gibt keine Wahrheit *ohne* Weg, das heißt es gibt keine wirkliche Erkenntnis ohne Streben und Suchen und auch Irrtum. Es gibt kein Leben in der Fülle und Gesundheit *ohne* Wahrheit, das heißt ohne ein individuelles Erkenntnisstreben (und auch Scheitern). Es gibt keinen Weg in den Weltfrieden und Wohlstand sowie Bildung *ohne* den Einsatz von zahlreichen Individuen mit ihren Lebenskräften und ihrer aktuellen Wahrheitsbemühung (zum Beispiel Gewaltfreie Kommunikation nach Marshall B. Rosenberg). Der Antichrist negiert all dieses; er setzt sich hinweg über den freien Menschen; er setzt sich auch hinweg über Leiden, Tod und Auferstehung Christi. Er will einfach der bessere, der mächtigere, der schönere, der erfolgreichere Christus sein – und eben deshalb ist er der Antichrist. Der Antichrist verdreht das Christliche subtil, sodass es fast nicht auffällt, dass es schwerfällt, den Punkt zu finden, wo es gefährlich wird. Dafür braucht es die Reinheit und Klarheit und den Mut Widars. Widar wird dem Antichristen niemals verfallen! Widar durchschaut den Antichristen bis auf den Grund. Deshalb wird der Antichrist stets versuchen, uns von Widar zu entfernen, die Verbindung zu ihm zu behindern.

Der eigentliche Satan

Bevor wir weiterschreiten und noch eine sechste Kategorie des Bösen anschauen und anfänglich beschreiben, möchten wir innehalten, und uns einmal auf das Vaterunser besinnen. In diesem Gebet lehrt uns Christus das Beten, es ist wahrhaftig *das* Menschheitsgebet, welches im Grunde jeder Mensch in jeder Situation unabhängig von seiner Konfession beten kann – wenn er es will. Man kann das Vaterunser auch als gesundende Kraft und Schutz vor dem Bösen erleben. Insbesondere die letzten beiden Zeilen beziehungsweise Bitten haben damit zu tun: «Und führe uns nicht in Versuchung, sondern erlöse uns von dem Bösen.» Diese beiden an den Vatergott gerichteten Bitten sind tief in unserem Sosein verwurzelt. Immer wieder geraten wir in Versuchung, in alle Richtungen zieht und zerrt es an uns: zu leicht (Luzifer), zu schwer (Ahriman), besinnungslos entfesselt (Asuras), alles vernichtend (Sorat), gänzlich überblendet (Antichrist). Rätselhaft kann empfunden werden, dass die Bitte an den VATER ergeht, uns nicht in Versuchung zu führen. Was ist das für ein Schöpfergott, der seine Geschöpfe, ja den Menschen als sein Ebenbild, in Versuchung führt? Schickt uns Gott all diese Widersacher? Ist sein Vertrauen in unsere menschlichen Kräfte so groß, dass wir mit alldem fertig werden können? Und was sagt Widar dazu? Ist er ein Helfer der Ursprungskräfte im Ringen mit dem Bösen?

«Doch erlöse uns von dem Bösen!» Wir können uns nicht selbst erlösen, wir sind dem Bösen mit all seinen Übeln ausgeliefert und es übersteigt unsere Kräfte, unser Fassungsvermögen; wir können daran zugrunde gehen. Das weiß Christus, das weiß auch Gott in seiner Allwissenheit. Die Auseinandersetzung mit dem Bösen beginnt in der eigenen Brust, setzt sich fort mit den drei Tieren aus dem Abgrund, die wir im Anschluss an Dante beschrieben haben, und geht weiter in globale Dimensionen hinein. Es wird zunehmend eine menschheitliche Auseinandersetzung mit dem Bösen. Die Menschheit als Ganzes wird geprüft. Am deutlichsten wird diese globale und menschheitliche Prüfung in der Auseinandersetzung mit dem eigentlichen Satan, von dem auch schon die *Apokalypse* spricht. Rudolf Steiner kommt am 14. September 1924 unseres Wissens nach zum ersten Mal auf diesen Satan zu sprechen, der nicht mit dem volkstümlich so bezeichneten Teufel oder auch Ahriman verwechselt werden darf. «Und in einer gewissen Weise ist ja in der Gegenwart Satan gebunden. Aber er wird wieder los werden. ... Wenn Satan nicht gebunden wäre, dann würde in einer grausigen Art sich in der Außenwelt der Zusammenhang zeigen mit dem, was heute als materialistische Gesinnung und Lebenshaltung auf der Erde vorhanden ist.»[69]

Der Apokalyptiker hat es deutlich verkündet in seiner Offenbarungs-Schau, die er auf Patmos erhalten hat: «Und dann, danach, sah ich einen GeistesBoten, den ich noch nie gesehen hatte. Aus der Ewigkeit kam auch er herab. Er hatte in seiner Hand den Schlüssel zum Abgrund und die Kette des rechten Maßes. Er brachte Dràkon, die Bestie, den Wurm mit dem tötenden Blick, die Schlange des Weltbeginnes, die als Diabolos oder Satanas wirkt, in seine Gewalt und fesselte ihn auf zehn mal zehn mal zehn Jahre. In den Abgrund stieß er ihn. Und verschloss und versiegelte die Lebenswelt der Menschen über ihm, damit er die Völker und all die Gemeinschaften der Menschen nicht weiter auf Irrwege führe. Nach dieser Zeit aber wird es sein müssen, dass Dràkon für eine kurze Zeit zur Erprobung der Seelen noch einmal entfesselt werde.»[70]

Kommen wir hier nicht in eine Dimension hinein, wo Götter ihre Angelegenheiten unter sich aushandeln und wir Menschen «für eine kurze Zeit zur Erprobung der Seelen» mit hineinverstrickt werden, in etwas, das wir weder ganz verstehen, geschweige denn aushalten können? Und ist der Geistesbote, von dem der Apokalyptiker spricht – «den ich noch nie gesehen hatte» –, vielleicht Widar, der aus der Ewigkeit im entscheidenden Moment helfend herabkommt? So wollen wir fragen

69 Rudolf Steiner, *Apokalypse und Priesterwirken,* GA 346, Dornach 1995, S. 151.

70 Johannes, *Apokalypse,* in der Übersetzung von Bernd Lampe, [4]2013, Kapitel 20,1 – 20,3.

und den Leser zu weiterem Nachsinnen anregen. Am 15. September 1924 enthüllte Rudolf Steiner Weiteres über die Satans-Macht, was eben an die Grenzen dessen geht, was Menschen fassen können. «Dann haben wir in der Apokalypse als dritten Sturz den Sturz des Satans. In Satan haben wir ein ganz hohes Wesen, welches aber andere Wege geht als diejenigen, die auf Erden gegangen werden können. ... Jene Macht, meine lieben Freunde, die gemeint ist bei dem Sturze Satans, will noch etwas ganz anderes. Die will nicht bloß die Menschheit aus ihrer Bahn bringen, sondern die ganze Erde. Diese Macht ist vom menschlich-irdischen Standpunkt aus gesehen ein furchtbarer Widersacher der Gottheit.»[71] Wird es hier nicht klar gesagt: Satan ist ein Widersacher der Gottheit. Luzifer und Ahriman sind Widersacher des Menschen, und selbst für Sorat – den Steiner einmal einen der größten ahrimanischen Dämonen nennt[72] – gilt, dass er sich gegen den Christus und damit gegen das Menschheits-Ich und die Menschheit wendet. Satan bekämpft die Gottheit und will das kosmische Gefüge als Ganzes durcheinanderbringen. Das ist noch eine andere Dimension des Bösen.

«Ja, sehen Sie, es ist kein Wunder, dass Michael, der ja einen anderen Standpunkt hat als die Menschen, ganz anders über Satan denkt als die Menschen. Die Menschen bleiben im Abstrakten und denken, dass der Satan eine böse Macht ist. Aber Satan ist zugleich eine hohe Macht, wenn auch für die Richtungen, die für die Erde in Betracht kommen, eine verirrte Macht, aber er ist eine hohe Macht. Und Michael, der die Wür-

71 Rudolf Steiner, *Apokalypse und Priesterwirken,* GA 346, Dornach 1995, S. 161.

72 Ebenda, S. 124.

de eines Erzengels hat, hat nicht den Rang des Satans, der die Würde einer Urkraft, eines Archai hat. Michael ist ‹nur› Erzengel. Vom michaelischen Standpunkt aus ist eigentlich Satan nicht eine zu verachtende Macht, sondern eine ungeheuer zu fürchtende Macht, weil Michael diese Macht, die in die Hierarchie der Archai hineingehört, höherstehend erscheint als er selbst. Nur schlägt Michael eben die Richtung ein, die im Sinne der Erdentwickelung ist. Michael hat vor langer Zeit schon beschlossen, in denjenigen Planetenkreisen zu wirken, die durch das Sonnendasein vorgezeichnet sind. Satan ist eine Macht, die fortdauernd in unserem Kosmos lauert. Es hat etwas Unheimliches, dieses Lauern des Satans.»[73]

Satan will das ganze Planetensystem durcheinanderbringen. Er ist ein Widersacher der planetarischen Ordnung. Und dieses Wirken des Satans hat schon begonnen und wird in der Zukunft noch zunehmen, bis hin zu unerklärlichen Naturerscheinungen. Die Naturgesetze selber werden durcheinandergeraten. «In den Naturgesetzen selber wird etwas unerklärlich. Das wird die größte und bedeutsamste Erfahrung sein, die die Menschen in der Zukunft werden machen müssen, zu erkennen: In den Naturgesetzen selber wird etwas unerklärlich, es laufen Erscheinungen nicht in den Naturgesetzen.»[74] Satan stellt also die Wahrheit auf den Kopf, um es leicht widarisch zu formulieren. Was hilft dagegen? Gibt es einen Schutz oder sind wir alldem hilflos ausgeliefert? Widar – der Geistesbote, von dem der Apokalyptiker in einem entscheidenden Moment überrascht sagt, «den ich noch nie gesehen hatte» – ist der harmonisierende und heilende Geist der Natur. Er steht unerschütterlich in unse-

73 Ebenda, S. 161 f.

74 Ebenda, S. 164.

rer Zeit, wo alles andere ins Wanken (Chaos) zu geraten droht. Rudolf Steiner weist darauf hin, dass nur eine «starke Spiritualität» der Menschen dieses kosmische Unordnungschaffen Satans wieder ausgleichen können wird! Wir können hinzufügen, erst ein harmonisierendes Umschaffen der drei Tiere aus dem Abgrund wird Kräfte in die Evolution einfließen lassen, die auch den Satan und sein Wirken ausgleichen können – aber das kann nur durch Menschen geschehen. Was für eine unglaubliche Perspektive! Man kann förmlich spüren, wie Widar und Michael bereitstehen, uns helfend entgegenzukommen auf diesem schwierigen Zukunftsweg, *wenn wir den ersten Schritt aus uns heraus tun*. Rudolf Steiner sprach über diese letzten Abgründe des Bösen auf dem Höhepunkt seines Schaffens, im September 1924, im neunten Monat nach der Weihnachtstagung. Zwei Wochen später war sein letzter Vortrag vor Menschen (die letzte Ansprache am Vorabend von Michaeli, dem 28. September 1924). Könnte es sein, dass neben anderen Gründen, über die ja schon viel geschrieben und geforscht wurde, auch *diese* apokalyptischen Enthüllungen vor den Priestern der Christengemeinschaft und dem Gründungsvorstand der Weihnachtstagungsgesellschaft zu einem entsprechenden Gegenschlag dieser damals direkt angesprochenen Mächte, vor allem Sorat und Satan, führte, die das Krankenlager und den frühen Tod Rudolf Steiners zumindest mit verursacht haben?

Das sechsfältige Böse und der Drache

Wir sind auf ein sechsfältiges Böses gekommen. Sechs ist an sich natürlich keine böse Zahl, aber das Abbiegen oder Abbrechen von Entwicklung, die immer in Siebener-Rhythmen verläuft, kommt mit dieser Sechsheit des Bösen deutlich zum Ausdruck. Auch die *Apokalypse* nennt ja die 666 als die Zahl des Tieres (Sorat), also dreimal eine Sechs. In dem Buch *Geistesgegenwart und Schöpferkraft* haben Steffen Hartmann und Anton Kimpfler diese sechsgliedrige Phänomenologie des Bösen in sehr konzentrierter und meditativer Form ausgearbeitet, insbesondere in dem Kapitel «Erkennen des Bösen». Hier sollte nun einmal versucht werden, diesen differenzierten Blick auf das Böse ausführlicher zu entwickeln, ohne freilich den Anspruch und die Möglichkeit, dies in alle Richtungen oder gar das Thema erschöpfend zu tun. Im Gegenteil, in der Auseinandersetzung mit dem Bösen bleibt immer etwas offen, und gerade das ermöglicht weitere zukünftige menschliche Bemühungen und Gestaltungen.

Es sind innerhalb dieser sechs Kategorien deutliche Zuordnungen und Bezüge erkennbar. Die Urpolarität bilden Luzifer und Ahriman, immer erneut eine Mittebildung mit Christus fordernd und auch fördernd. Geschieht dies nicht, ja greifen Luzifer und Ahriman unvermittelt ineinander, dann schlagen die Asuras als «falsches» drittes Element durch. Dies bereitet dem Sonnendämon Sorat den Weg, der sich ganz an die Stelle von Christus setzen will. Sorat hat gewissermaßen seine luziferische Entsprechung im Antichristen – diese beiden bilden also erneut eine unheilvolle Polarität. Das vernichtende «dritte» Element dieser zweiten Doppelheit – Sorat und Antichrist – scheint dann der Satan zu sein. Interessanterweise können alle diese Widersacherwesen die Ur-Trinität von Vater, Sohn und Heiligem Geist nur imitieren, karikieren und bekämpfen. Das Böse findet keinen originären, Welten aufbauenden Ausdruck; es bleibt stets dagegen.

Auch in *Geistesgegenwart und Schöpferkraft* wurde schon

der Gedanke geäußert, dass der Zusammenfluss und die Vermischung all dieser widersacherischen Wesen der sogenannte *Drache* ist, der also gleichsam ein siebtes Element des Bösen darstellt, mit dem wir Menschen bis zum Ende der Erdenzeit zu ringen haben werden. Das Drachenhafte wurde auf die Erde gestürzt. Der Drache nimmt all das auf, was der Menschheit entglitten ist, ein Mischprodukt der Widersacher, das entwirrt, verwandelt, harmonisiert, erlöst werden will.

Widars Aufgabe ist es, dem falschen dritten Element ausgleichend entgegenzutreten. Das kann man daran ablesen, dass er im 20. Jahrhundert überraschend zu wirken begonnen hat, in der Zeit, wo erstmals die Asuras in die Menschheitsentwicklung unheilvoll hereindrängen. Widar steht aufrecht in der wahren Mitte – im offenen Maul des Fenriswolfs. Damit ist er Repräsentant des Christus in unserer Zeit und Vorbild für alle Menschen. Mit seiner Urverbindung zum Baum des Lebens (sein reines Unschuldswesen) steht Widar auch dafür ein, dass die Menschheit zusammen mit ihm einen harmonischen Ausgleich zu dem chaotisierenden Wirken Satans finden wird. Die Frage: Wie verbinde ich mich individuell mit Widar? wird vor diesem Hintergrund immer dringlicher. Dieser Frage widmen wir das letzte Kapitel dieses Buchs.

V. Krankheit und Gesundheit als Ausdruck des Menschseins

Ein ganz wesentlicher Aspekt unserer Zeit liegt in der Konfrontation des Menschen mit den Kräften des Bösen, wie im vorigen Kapitel dargestellt. Diese Konfrontation begann mit dem Essen vom Baum der Erkenntnis, der Sonderung des Menschen von Gott und der Vertreibung aus dem Paradies, in welchem der Schöpfer mit seinen Geschöpfen eine Einheit bildete. Nun entsteht die Polarisierung, die für den Menschen durch seine Zweiheit als Frau und Mann im Bilde der Erschaffung Evas aus dem weiblich-männlichen Urmenschen Adam vorbereitet wurde. Gott erschuf Eva, Gott weiß um die Notwendigkeit dieser Polarisierung als Voraussetzung des Menschenweges zur Freiheit. Er weiß auch von der Schlange als bildhaftem Ausdruck dessen, was wir das Böse nennen, auch Widersacher oder Verführer. Er schickt uns Menschen in die Sonderung und die nun andauernde Begegnung mit Wesen, die zu ihm in Opposition getreten sind. Und diesen Wesen und Kräften begegnen wir nicht nur außen, sondern wir tragen sie ein Leben lang in unserem Inneren, im Leib und in der Seele. Nur im Ich sind wir frei von ihnen, durch das Ich können wir ihnen gegenübertreten und an ihrer Verwandlung zum Guten arbeiten. Denn alles Getrennte soll evolutionär wieder zur göttlichen Einheit zurückfinden, auch wenn das unermessliche Zeiträume dauern wird. Das wird wie ein Trost in dem Oberuferer Paradeisspiel ausgesprochen, wenn der Engel Gabriel mit dem Schwert in der Hand zu Adam und Eva, nachdem er sie aus dem Paradies vertrieben hat, spricht: «Ich will euch langsam rufen wieder».

Dieses für den Entwicklungsweg des Menschen und der Menschheit notwendige Böse tritt selber als Polarität auf. Rudolf Steiner nannte diese polaren Gegenkräfte Luzifer und Ahriman und schuf zusammen mit der englischen Bildhauerin Edith Maryon eine große Holzplastik, in der das Thema künstlerisch gestaltet wurde: der Repräsentant des Menschen-Ich hoheitsvoll-souverän schreitend zwischen den beiden, die in doppelter Art dargestellt wurden, miteinander wirkend und getrennt überwunden. Auch Goethe wusste um diese Doppelheit, die er in eine Gestalt verdichtete, den Mephistopheles, der mit Gottvater um die Seele des Doktor Faustus wettet. In seinem Namen stecken «mephiz», der Hinderer und Verderber, und «tophel», der Lügner, beides aus hebräischem Sprachstamm. Und Goethe lässt Mephistopheles sich selbst offenbaren in der Funktion, die schon angesprochen wurde und noch vertieft angeschaut werden wird: «[Ich bin] ein Teil von jener Kraft, / Die stets das Böse will und stets das Gute schafft.»[75]

Er verrät aber auch seinen anderen Aspekt: «Ich bin der Geist, der stets verneint! / Und das mit Recht; denn alles, was entsteht, / Ist wert, dass es zugrunde geht.»

Beide Wesen, Ahriman und Luzifer, ziehen in den Menschen ein, ehe er geboren wird, kurz vor der Geburt, und sie müssen ihn rechtzeitig vor dem Tod wieder verlassen, weil Ahriman diesen nicht ertragen kann und Luzifer ihn nicht kennt. Steiner nennt sie Doppelgänger, weil sie sich mit dem Menschen indi-

75 Johann Wolfgang von Goethe, *Werke, Dramatische Dichtungen I,* Band 3, Hamburger Ausgabe in 14 Bänden, kommentiert von Erich Trunz, Taschenbuchausgabe München 2000, S. 47.

vidualisieren, seinen Entwicklungsweg mitgehen, ebenso wie der uns durch alle Zeiten begleitende Engel. Es wird deutlich, dass Ahriman und Luzifer übergreifende Namen von Kräften sind, die vielfach gegliedert und durchaus auch hierarchisch geordnet erscheinen. C. S. Lewis hat das in britisch-humorvoller Weise in seinem Buch *Dienstanweisungen an einen Unterteufel* zum Ausdruck gebracht.[76] Wir sprechen also konkret von einem ahrimanischen und einem luziferischen Doppelgänger, die uns in Leib und Seele durchdringen, so wie jeder den Menschen begleitende Engel Teil des Christus-Wesens ist. In einer Meditation für Priester und Ärzte, die Steiner im *Pastoral-Medizinischen Kurs* vermittelte, werden diese Kräfte in der Begegnung mit dem Menschen und seiner Begleitung durch die Trinität Gottes beleuchtet, wenn es dort heißt, dass der Vater die Krankheit schickt zum Ausgleich des Karma und der Heilige Geist die Seele im Irrtum zum Erwerb der Freiheit leitet. Denn beide Doppelgänger sind Verursacher des Krankseins und Verhinderer des freien Menschen.[77]

Doppelgänger und Kranksein

Es wird von Rudolf Steiner nur einmal in seinem umfassenden Schrift- und Vortragswerk dieses Doppelgängertum so klar und unmissverständlich dargestellt wie in dem Vortrag vom 16. November 1917, der in dem Sammelband *Individuelle*

76 C. S. Lewis, *Dienstanweisungen an einen Unterteufel,* München 1981.

77 Rudolf Steiner, *Das Zusammenwirken von Ärzten und Seelsorgern. Pastoral-Medizinischer Kurs,* GA 318, Vortrag vom 18.9.1924.

Geistwesen und ihr Wirken in der Seele des Menschen enthalten ist. Der Vortrag wurde in St. Gallen gehalten, einer Hochburg moderner-wissenschaftlicher Krebsforschung seit der zweiten Hälfte des 20. Jahrhunderts bis heute. Wir werden noch entdecken, dass dies wohl kein Zufall ist, obwohl zu Steiners Zeiten St. Gallen noch nicht diesen Stellenwert hatte. In dem Vortrag geht Steiner «von gewissen Geheimnissen des Menschwerdens, der Menschennatur» aus, die heute «bekannt und immer bekannter werden müssen». Und beschreibt zunächst die schon erwähnte Tatsache, dass kurze Zeit vor unserer Geburt ein ahrimanisches Geistwesen von dem unterbewussten Bereich unseres Leibes Besitz ergreift. Er nennt ihn einen Doppelgänger, der viel gescheiter sei als wir es sind, denn er habe «eine außerordentlich hohe Intelligenz und einen ganz bedeutsam entwickelten Willen, aber gar kein Gemüt»![78] Seine Intelligenz ist allerdings eine mephistophelische. Von diesem Doppelgängerwesen stammt alle Elektrizität im Körper, die sich beispielsweise in den Herz- oder Hirnströmen (EKG, EEG) messen lässt. Und er ist «Urheber aller physischer Krankheiten, die spontan aus dem Inneren hervortreten». Ihn zu kennen ermöglicht überhaupt erst eine wahre organische Medizin. «Und ein Bruder von ihm, der allerdings nicht ahrimanisch, sondern luziferisch geartet ist, der ist der Urheber aller neurasthenischen und neurotischen Krankheiten, aller Krankheiten, die eigentlich keine Krankheiten sind, die nur, wie man sagt, Nervenkrankheiten, hysterische Krankheiten und so weiter sind.» Unter diesen Voraussetzungen muss die Medizin nach zwei Seiten hin geistig (spirituell) werden.

78 Rudolf Steiner, *Individuelle Geistwesen und ihr Wirken in der Seele des Menschen,* Vortrag vom 16.11.1917, GA 178.

Hierzu gehört eine Meditation, die Steiner jungen Ärzten und Medizinstudenten in einem Kurs zum Jahresbeginn 1924 übergab. In ihr begegnen wir einer *Leuchtekraft* in unserer Seele und einer *Schweremacht* in unserem Leib. In der Leuchtekraft strahlet Geistes-Ich, in der Schweremacht kraftet Gottes-Geist.[79] Das sind ihre gesundenden, fördernden Anteile. Und dann folgt die Warnung, dass sich die Kräfte zwar begegnen, jedoch nicht vermischen («ergreifen» und «durchdringen») dürfen. Wenn das geschähe, würden Seele und Körper sich an Weltenirre und Verderbnis binden. Und er fügt hinzu: «die Verderbnis ist die Krankheit». Das wird noch differenziert, indem er ausführt, dass Krankheiten des Körpers entstehen, wenn Leuchtekraft die Schwermacht fasst; und die sogenannten Seelenkrankheiten, wenn Schweremacht die Leuchtekraft durchdringt. Auch wenn Luzifer und Ahriman nicht namentlich genannt werden, sind beide ohne jeden Zweifel als Kräfte angesprochen. Und zwar sowohl in ihrem Dienst für die Gesundheit des Menschen als auch in ihrem Verursachen von Krankheiten. An zwei Elementen kann das verdeutlicht werden: an Entzündung und Sklerose. Beide sind physiologische Eigenschaften und bewirken – Gesundheit. Entzündung ist Voraussetzung für alle Art von Erneuerung oder Regeneration, immunologisch auch als Verdauung tätig, die Fremdes, zum Beispiel Nahrung zu Eigenem verwandelt («Aneignung»). Sklerose vermittelt Dauer, Festigkeit, ohne sie hätten wir kein Skelett, keine Zähne oder kein Binde- und Stützgewebe, auch nicht die Wiederholung der Bildung des immer Gleichen, zum Beispiel einer Zelle eines bestimmten Organs. Die entstehende Krebszelle ist ein Beispiel

79 Rudolf Steiner, *Meditative Betrachtungen und Anleitungen zur Vertiefung der Heilkunst,* Vortrag vom 9.1.1924, GA 316.

des Verlustes dieser gesunden («physiologischen») Fähigkeiten. Wirken die ahrimanischen Verhärtungskräfte über das gesunde Maß hinaus, entstehen Sklerosekrankheiten. Treibt Luzifer die Entzündung ebenso über eine gesunde Intensität hinaus, kommen die Entzündungskrankheiten, die ganz exakt erfasst eine Art *Übergesundheit* darstellen. Eine Besonderheit sind dabei die Infektionskrankheiten.

Hier soll jedoch kein medizinisches Lehrbuch entstehen, sondern eine Voraussetzung geschaffen werden, das Wirken Widars für und mit des Menschen Leiblichkeit aufzuzeigen. Deshalb wird der Blick nicht ausführlicher auf die Entstehung von Krankheiten oder die genaue Schilderung einzelner, spezifischer Krankheiten gelenkt, sondern auf ihre Heilung und damit Wiederherstellung der Gesundheit. Denn darin liegt Widars Anteil, besonders in der heilenden Arznei.

Widar und die Heilkraft der Natur

In gerade auch für die Medizin bedeutenden Vorträgen, die Rudolf Steiner 1911 in Hannover hielt und die später unter dem Titel *Die Welt der Sinne und die Welt des Geistes* publiziert wurden, wird eine weitere, für unsere Betrachtung wesentliche Darstellung des Wirkens luziferischer und ahrimanischer Kräfte im Menschen geschildert. Zunächst ein Zitat, das mit der geschilderten Meditation von 1924 korrespondiert: «Es gibt im Menschen einen Mittelpunkt, wo sich begegnen in seiner eigenen Wesenheit Luzifer und Ahriman. Da hat der Mensch Gelegenheit, entweder mit dem Luzifer hinzuschwingen und den Astralleib tiefer in den Ätherleib einzubohren, als das gut ist, oder aber er hat die Gelegenheit, die Stoßkraft des Ahriman aufzunehmen und den Ätherleib tiefer in den Astralleib hineinschlagen zu lassen, als es richtig und regelmäßig ist. Mit solchen Kraftwirkungen haben wir es zu tun».[80]

Das ist ein gewaltiges Bild, dessen Entschlüsselung eine großartige Möglichkeit bietet, eine direkt darauf zielende «kausale» Therapie zu entwickeln. Steiner nannte sie auch eine rationale Therapie. Mit dem Einzug der Widersacher in das leiblich-seelische Gefüge des Menschen hat sich dieses vierfach verschoben: Luzifer drängt das Ich tiefer in die Seele (Astralleib) als vorgesehen, und die seelisch-leibliche Empfindungswelt bohrt er tiefer in den Lebensbereich (Ätherleib). Ahriman «schlägt zurück», indem er ein «Übergewicht» des physischen Leibes über den Ätherleib schafft und zusätzlich ein weiteres Übergewicht des Ätherleibes über den Astralleib bewirkt. Alle vier sogenannten «Verschiebungen» bewirken Vorgänge, die wir heute physiologisch oder normal nennen, die also der gesunden Tätigkeit des Organismus entsprechen. Es sind dies in der Dominanz des physischen Leibes über den Lebensbereich die Sinnesorgane und ihre Tätigkeiten, in der Dominanz des Äther- über den Astralleib die Drüsenorgane und ihre Absonderungen. Die Dominanz des Astralleibs über den Ätherleib bewirkt alle Ernährungsvorgänge, und das Zu-tief-hineingezogen-Werden des Ich in den Astralleib den Egoismus, wir können auch von einem Selbst sprechen, das alles Fremde («Nichtselbst») bekämpft. Im modernen Sprachgebrauch reden wir hier von dem Immunsystem. Und wir können auch den Zusammenhang mit den physiologischen Fähigkeiten («Funktionen») von Sklerotisierung und Gewebedifferenzierung («Geschwulstbildung»), Allergie

80 Rudolf Steiner, *Die Welt der Sinne und die Welt des Geistes*, Vortrag vom 29.12.1911, GA 134.

und Entzündung entdecken. Diese wiederum werden in ihrer Verlagerung aus dem richtigen Ort oder der Zeit sowie in unrichtiger Intensität zu Krankheitstendenzen: Das eigentlich Gesunde geschieht am falschen Ort, zu falscher Zeit oder mit falscher Intensität. Wir entdecken eine völlig neue Denkweise für das Verständnis von Krankheitsentstehung oder Pathogenese, und schaffen uns so die Voraussetzung, das Verschobene, in Unordnung Gebrachte wieder zu richten beziehungsweise zu ordnen. Und das ist dann eine rationale oder kausale Therapie.[81]

Dazu müssen wir noch das zweierlei Kranksein unterscheiden, wie es im Zusammenhang mit der Beschreibung der beiden Doppelgänger erfolgte: Sie sind Urheber aller physischen Erkrankungen oder solcher neurasthenischer und hysterischer Art, die «eigentlich keine Krankheiten sind». Erstere werden Verderbnis genannt, letztere führen in die Irre («Weltenirre»). Dazu sollen Beispiele folgen, die diese Aussagen verständlicher machen.

Doch zunächst zur Therapie und ihrer Verbindung zu Widar. Er, so haben wir schon ausgeführt, wirkt in der Natur und mit ihren Wesenheiten. Sein «Palast» ist das weite Land, die in ihrer Fülle und Unschuld ausgebreitete Natur. In ihr hat die Schöpfung alles veranlagt, was Heilmittel für den Menschen ist oder – besser noch – werden kann. Denn wo in älteren Zeiten die Arzneimittel unmittelbar der Natur entstammten, wird es in unserer Zeit mehr und mehr dahin kommen, sie nach dem Vorbild der Natur herzustellen, ja, wir können mit Rudolf Steiner sagen, sie zu «synthetisieren». Auch hierfür werden konkrete Beispiele folgen. Ein weiteres folgt sehr ausführlich in dem Kapitel über «Widar und die Mistel».

81 Volker Fintelmann, *Intuitive Medizin,* Stuttgart [6]2016, S. 16-116.

Von Paracelsus stammt das oft zitierte Wort: «Gegen jede Krankheit ist ein Kraut gewachsen.» Das kann vertieft heißen, in jeder Pflanze die Imagination einer menschlichen Krankheit zu entdecken. Doch es sind auch die Mineralien, die Metalle als Übergänge von Mineral zu Pflanze und tierische Substanzen, aus denen eine zeitgemäße Arzneitherapie ihre Mittel gewinnen kann. Der Schwerpunkt verlagert sich mehr und mehr zu mineralischen Substanzen, obwohl Pflanze und Tier noch für lange Zeiten von Bedeutung bleiben.

Das Verständnis, warum in der Natur die Heilmittel des Menschen veranlagt sind, findet sich in der Entwicklungsgeschichte, wie sie Steiner in seiner Anthroposophie vielfach dargestellt hat. Einfach ausgedrückt haben Mensch und Natur eine gemeinsame Entwicklung, die über unvorstellbar lange Zeiträume geht. Dabei hat sich der Mensch auf Kosten der Natur entwickelt. Er konnte die «Krone der Schöpfung» werden, weil er die Naturreiche aus seinem Werden und Wesen heraussonderte, sich ihnen damit jedoch auch verschuldete. Und die Natur wartet darauf, dass wir uns ihr gegenüber entschulden, christlich gesprochen sie aus ihrer Zurückgelassenheit erlösen. Damit ist nicht ihr äußeres Gewand gemeint, sondern die in Pflanze, Tier und Mineral sich verkörpernden – Rudolf Steiner sprach auch von verzauberten – Naturwesen. Am frühesten zurückgelassen wurden die Pflanzen, als der Mensch zu seiner physischen Leiblichkeit, die im ersten Schritt noch rein geistig-physisch war, eine Lebensorganisation bildete. Zu diesem Schritt seiner Entwicklung schied er das aus sich aus, was wir heute das Pflanzenreich nennen. Die Erde war damals als Weltenkörper eine Sonne, die alte Sonne, in welcher der ganze Kosmos noch vereinigt war.

Im nächsten großen Evolutionszyklus bildete sich der

Mensch mithilfe der Hierarchien einen Empfindungsleib, der das Seelische, das Seelenleben, in sich aufnehmen konnte. Dafür war es notwendig, dass aus dem Gesamtevolutionsstrom dasjenige ausgesondert wurde, was wir heute Tierreich nennen. Der Mensch wurde damit frei von tierischen Ausformungen, die ihm nun von außen entgegentreten; gleichzeitig findet sich noch viel unverwandeltes Tierisches in der menschlichen Seele. In der Wortverwandtschaft von anima (lat. Seele) und animal (engl. Tier) ist diese Tatsache noch ahnend abgebildet. Und in der Erdenentwicklung, in der wir uns jetzt befinden, der eigentlichen «Erde», zieht das einzelne Ich in den so vorbereiteten Leib und die Seele ein. Es entsteht das Mineralreich, dessen Ich-Nähe sich bildhaft in den Edelsteinen ausspricht, die Könige, Kaiser und Päpste in ihren Kronen über der Stirn trugen und manche auch noch tragen. Dieser noch nicht abgeschlossenen vierten Entwicklungsstufe der Erde und des Menschen werden noch drei weitere folgen (von Rudolf Steiner Jupiter, Venus und Vulkan genannt), und in ihnen wird die Rückführung der Naturreiche in die menschliche Evolution erfolgen. Sie hat heute, in der mittleren der sieben Entwicklungsstufen, schon begonnen, beispielsweise dadurch, dass wir uns ernähren, und eben durch die Arzneimittel aus der Natur.

Widar ist mitverantwortlich für diese Zukunft, er begleitet die Natur, die in der Unschuld verblieb, als sich der Mensch verschuldete. Widar ist dieser Weltenunschuld verbunden, er hat sie bewacht und ihr gedient. Er kennt die Prozesse, durch die sich der Mensch entschulden kann, wenn er Natur zu einem Heilmittel menschlicher Krankheiten macht. Wir nennen das Pharmazie! Wie konkret wird es unter diesen Voraussetzungen, den Hinweis Steiners zu verstehen, dass der Pharmazeut künftiger, menschengerechter Arzneimittel seinen Labortisch zum

Altar machen müsse. Und es kann auch klar werden, dass solche zukünftigen Arzneimittel grundsätzlich über das Ich wirksam werden sollen. Widar wird der Lehrer einer menschengerechten Pharmazie.

Ich-Wirksamkeit der Arzneimittel

Ein Arzneimittel unserer und zukünftiger Zeiten darf nicht an dem Kern unseres Menschseins, an dem «eigentlichen Menschen» vorbei wirksam werden. Es kann nur ein Angebot sein, dem Ich zu helfen, die Ordnung seiner Werkzeuge Leib und Seele in ihren je hochdifferenzierten Gliederungen selber wiederherzustellen. Sie sind so vergleichbar einem Pädagogen, der sein Wissen nicht mit einem Nürnberger Trichter dem Schüler oktroyiert, sondern das in dessen Bewusstsein noch ruhende, verborgene Wissen hervorlockt. So sind die Möglichkeiten der Arzneimittel für diese Mittlerfunktion auch verschieden. Die Arznei kann Modell der gesunden Ordnung sein und dem Ich als Lehrplan dienen, sie kann es anfeuern oder bei zu intensiver Tätigkeit (zum Beispiel bei hohem Fieber) dämpfen, sie kann sogar für eine begrenzte Zeit die Ich-Tätigkeit stellvertretend übernehmen («substituieren»), oder einfach die schon tätige Ich-Funktion («Selbstheilungsvorgänge») liebevoll stützend begleiten.[82] Nie jedoch ist diese auf das Ich gerichtete Arzneimittelwirkung zwingend oder gar überwältigend, immer wird die Freiheit des Ich gewahrt. Daher auch die Frage des Heilenden: «Willst Du gesund werden?»

Im Vergleich mit der Realität heutiger Arzneitherapie mag

82 Volker Fintelmann, *Intuitive Medizin*, S. 265-269.

diese Forderung illusionär oder utopisch wirken. Denn es ist gerade das Wesen solcher Medikamente, anstelle körpereigener, ich-vermittelter Funktionen zu wirken, ja oft sogar gegen sie. Da wird dann von Blockaden oder Antagonismen gesprochen.[83] Das Ich wird nicht einbezogen oder gefragt, und wenn es die Kraft hat, sich zu wehren, spricht man von unerwünschten Arzneimittelwirkungen (UAW) oder Nebenwirkungen. Da die Menschen immer ichhafter werden, sind solche unerwünschten Arzneimittelwirkungen zunehmend häufiger, ja sie werden geradezu benutzt, ein Arzneimittel als hochwertig zu klassifizieren. Da ist typische mephistophelische Intelligenz wirksam!

Die so auffällig gute Verträglichkeit der Naturarzneimittel ist nicht Ausdruck ihrer geringwertigen Wirksamkeit oder einer Placebowirkung, sondern ihres freien Angebots, zu dem das Ich «Ja» oder «Nein» sagen kann. «Kein wirksames Medikament ohne mögliche Nebenwirkungen» ist also kein pharmakologisches Gesetz, sondern Ausdruck einer Wirkungsart, die weder die Würde des Ich noch dessen Freiheit kennt, beides ignoriert und an ihnen vorbei handelt. Es mag Situationen geben, in welchen so gehandelt werden darf, weil das Ich im Augenblick nicht entscheidungs- oder handlungsfähig ist, zum Beispiel bei einem anaphylaktischen Schock, einem schweren asthmatischen Erstickungsanfall oder einem drohenden Herzversagen. Doch sollten das Ausnahmen der Akut- und Notfallmedizin sein, nicht aber Regelfall aller Therapien, schon überhaupt nicht von chronischen Erkrankungen, die eine Langzeitanwendung nötig machen.

83 Die meisten Arzneigruppen beginnen mit der Vorsilbe Anti-, zum Beispiel Antibiotika, Antidepressiva, Antidiabetika usf.

Es ist auch für die Intelligenz, die hinter der Entwicklung dieser modernen, zwingenden Arzneimittel steht, erhellend, dass es sich um synthetische und in ihrer Struktur chemisch beschreibbare Stoffe handelt. Sie sind grundsätzlich anorganischer Art, sie tragen nichts Lebendiges oder gar Beseeltes in sich, sie sind ganz und gar tote Materie. Sie repräsentieren hohe Intelligenz und einen zwingenden Willen, doch gar kein Gemüt. Damit können sie aber nur im materiell-stofflichen Bereich des Körpers wirksam werden, wo der äußere Befund dominiert, wo das Menschsein jedoch nur einen Abdruck hat. Es ist auch bezeichnend für diese Intelligenz, dass es synthetische Stoffe sein müssen, die nicht mehr natürlichen Ursprungs sein dürfen. Denn dort könnte immer noch Wesenhaftes sein, das dem Ideengeber und Produzenten moderner synthetischer Medikamente zuwider ist.

Hier stehen sich – imaginativ gesprochen – der Fenriswolf und Widar gegenüber. Steiner selbst hat ja betont, dass zukünftige Arzneimittel zunehmend nicht mehr unmittelbar den Naturreichen entstammen würden, sondern durch den Pharmazeuten «nach dem Vorbild der Natur» synthetisiert werden müssten. Das trifft für eine Vielzahl von Arzneimitteln der Anthroposophischen Medizin bereits zu, wird aber zukünftig noch ganz andere Dimensionen erreichen. Und in unserer Übergangszeit ist auch das reine Naturarzneimittel, das direkt pflanzliche oder mineralische, immer noch wirksam.

Widar als Schutzgeist der unschuldig gebliebenen Natur (Paradies, Land Widi), die durch den Menschen in die schuldbeladene Erdenwelt hineingezogen wurde, Widar zeigt uns den Weg, die heilende Kraft der Natur und der in ihr wirkenden («verzauberten») Wesen zu entdecken und uns mit ihnen zu verbinden. Die erste berufsspezifische Meditation von Rudolf Steiner für die Heilberufe hat dies zum Thema: die Welt heilender Geister in ihrer Dreiheit von Sulfur, Sal und Mercur anzusprechen und um Mitarbeit zu bitten, und zugleich das Versprechen zu geben, sich selber seelisch so zu gestalten, dass die heilenden Geister auch wirklich durch mich als Menschen helfen können.[84]

Beispiele

Hier sollen wenige, kurz gefasste Beispiele folgen, wie gestörte Prozesse im Organismus, welche Krankheit bewirken, durch ein entsprechendes Arzneimittel – ergriffen durch das Ich – wieder zu gesunden verwandelt werden. Die *Migräne* entsteht, wenn sich verdauende Stoffwechselkräfte im Gehirn in denjenigen Substanzbereich drängen, der den Bewusstseinstätigkeiten dient, und diesen überwältigen. Das Ich wird hier vom Astralleib verdrängt, Stoffwechsel-Bewegungstätigkeiten dominieren die dem Bewusstsein dienenden Sinnes-Nerven-Prozesse. Das kausale Heilmittel hierfür heißt *Kephalodoron*® (in der Schweiz Biodoron®) und ist eine mineralisch-synthetische Substanz, in der ein recht komplexer pharmazeutischer Prozess die Elemente Kiesel, Eisen und Schwefel vereinigt hat. Sie bilden naturhaft das menschliche, dreigliedrige Funktionssystem ab, das Steiner als Ergebnis über dreißigjähriger Forschung im Jahre 1917 erstmals publizierte: die Polarität von Sinnes-Nerven-System und Stoffwechsel-Gliedmaßen-System beziehungsweise Bewegungs-System und ihr ständig im Gleichgewicht Gehaltensein

84 Rudolf Steiner, *Meditative Betrachtungen und Anleitungen zur Vertiefung der Heilkunst,* Vortrag vom 5.1.1924, GA 316.

durch den Rhythmus, das Rhythmische System.[85] An Kephalodoron® kann sich das Ich orientieren, wie die gesunde Situation im Gehirn sein müsste und diese wiederherstellen. Dazu bedarf es einer Bereitschaft des Ich, seiner Aktivität, wie sie in der Frage anklingt: «Willst du gesund werden?» Jede ichorientierte Arzneiwirkung setzt für ihre Effizienz diesen Willensakt des Patienten – den wir auch Initiative nennen können – voraus.

Die Leber ist ein zentrales Stoffwechselorgan, wenn ihr auch Sinnesfunktion und Rhythmus eigen sind. In ihr entdecken wir die Wirklichkeit des Begriffs «Stoff-Wechsel». Denn alles von außen kommende Stoffliche wird in der Leber bewertet und dann auf den Weg der Veränderung gebracht, um zu einem körpereigenen, zu einem Menschenstoff, oder aber ausgeschieden zu werden. Über die Pforte der Leber, die auch Pfortader heißt, obwohl sie von der Funktion her eine das Blut aus der Peripherie des Darms dem Zentrum zuführende Vene ist, aber einen Innendruck wie eine Arterie hat, kommen alle Stoffe zur Leber und hören deren Stimme: «Stoff, du kannst nicht so bleiben, wie du bist, du musst dich ändern.» Und das erfolgt durch Transsubstantiation. Dieser heilige Begriff der christlichen Religion als Ausdruck der Verwandlung von Brot und Wein kann auf die Tätigkeit der Leber durchaus übertragen werden. Sie ist für die leibliche Individuation des Menschen von ausschlaggebender Bedeutung. Wenn diese Funktion, die die Medizin auch eine assimilative oder aufbauende nennt, geschwächt oder gestört ist, ist *Hepatodoron®* das Mittel der Wahl. Es ist kein lautes Heilmittel, da es in tief unbewussten Schichten im Organismus wirkt, jedoch durchaus

85 Rudolf Steiner, *Von Seelenrätseln,* Kapitel «Die physischen und die geistigen Abhängigkeiten der Menschen-Wesenheit», GA 21.

von einer Heiligkeit, die dem Begriff der Transsubstantiation gerecht wird. In Hepatodoron® sind die Blätter der Weinrebe und der Walderdbeere vereint. Erstere ist eine Rank- oder Kletterpflanze, die ohne Stütze nicht in die Aufrechte kommt. Sie bildet eine durch den Traubenzucker einzigartige Frucht. Zucker ist auch ein Element der Walderdbeere, wesentlicher jedoch ist das Eisen, das sie aus dem Boden am Rande des Waldes aufnimmt. Eisen ist zentrales Element aller Enzyme oder Fermente, die im Organismus dem Aufbau dienen. Sie werden auch Atmungsfermente genannt. Im Traubenzucker wiederum kann sich das Ich aufbauend im Leib betätigen. «Wo Zucker ist, da ist Ich-Organisation»[86], haben Rudolf Steiner und Ita Wegman geschrieben, und meinen den natürlichen Traubenzucker und die aufbauende Ich-Tätigkeit.

Ein letztes Beispiel für die neuen Arzneimittel und deren Ich-Bezug sei *Scleron*®. Dieses ist wieder synthetischer Art, denn seine Substanz wird aus potenziertem Blei (D12), Rohrzucker und Honig gebildet. Es ist das geniale Heilmittel der Arteriosklerose, der Arterienverkalkung. Die Arterien sind Organe der Sinneswahrnehmung des Herzens, um alle Informationen zu lesen, die aus dem gesamten Organismus dem Blut eingeschrieben werden. Steiner sprach bildhaft von einer Bluttafel. Nur so kann das Herz als Mittelpunktsorgan in jedem Augenblick wahrnehmen, was im Organismus geschieht, wo Mängel und wo Überfluss sind, wo Schwächung droht, Fremdes sich einnisten will und so weiter. Und dieses nicht nur wahrzunehmen, sondern sogleich Ausgleich zu schaffen, Gesundheit immer wieder neu herzustellen. Wenn nun die Wahrnehmungsorgane,

86 Rudolf Steiner und Ita Wegman, *Grundlegendes für eine Erweiterung der Heilkunst,* Kapitel VIII., GA 27.

die Arterien, durch Verkalkung blind werden, so wie die Linse des Auges sich in der Katarakt, dem grauen Star, trübt, wird das Herz in seiner zentralen Aufgabe zunehmend behindert. Das äußert sich in vielfältigen Symptomen, die mit der Arteriosklerose verbunden sind. Ursächlich liegt ihr zugrunde, dass Mitgefühl (Empathie) und die Elastizität im Helfenwollen seelisch abhandengekommen sind und abstrakter Intellektualität weichen. Auch können von außen kommende Sinneseindrücke durch Überflutung nicht mehr ausreichend verdaut werden, was zu den Ablagerungen in der Gefäßwand führt. Und schließlich mangelt es an freudiger innerer Bewegung, die ihren Ausdruck in Begeisterung oder Enthusiasmus finden kann.[87] Hier setzt *Scleron*® an, indem es das Ich auf diese zur Krankheit drängende Situation aufmerksam macht. Blei ist das Metall, welches die Raumgestalt des Leibes und seiner Organe dem Ich erlebbar macht, auch ihren drohenden Verlust. Zucker ist die Grundsubstanz für alle Ich-Wirkung. Und Honig impulsiert die Lebensvorgänge, sodass sie drohende Fremdablagerungen (Atherome) wieder auflösen, eingliedern oder auch ausscheiden. Dem Ich wird durch Scleron substitutiv geholfen, eine verloren gegangene Tätigkeit wieder zu ergreifen und letztlich autonom auszuführen. Deshalb kann Scleron auch nur intervallmäßig verordnet werden und ist zur Daueranwendung nicht geeignet. Es ist begeisternd, miterleben und durch gefäßsonographische Bildgebung (Dopplersonographie) mit eigenen Augen sehen zu können, wie diese Atherome der Arterienwände unter einer Intervalltherapie mit Scleron® verschwinden.

Dies sind wenige Beispiele einer neuen Auffassung von dem Zusammenwirken von Arzneimitteln mit dem menschlichen

87 Volker Fintelmann, *Das Herz als Sinnesorgan,* Berlin 2017.

Organismus. Sie sind stark komprimiert und drücken längst nicht alle Interaktionen aus, die sich zwischen Mensch und Arznei entwickeln können. Ausführlicher dargestellt und begründet findet der Leser das an anderer Stelle.[88]

Widar und die Doppelgänger

Vielleicht ist der Leser erstaunt, ein so breit veranlagtes medizinisches Thema in einem Buch über Widar zu finden. Es gibt dafür auch keine Vorbilder oder Aussagen Rudolf Steiners. Das hier Dargestellte beschreibt intuitives Erfassen und Forschen der Autoren, die sich Widar verbunden haben. So möge dieses Kapitel als Anregung verstanden werden, vielleicht auch als Entwurf einer zukünftigen spirituellen Medizin.

Widar hat in erster Linie mit dem ahrimanischen Doppelgänger zu tun. Er ist es, der den Fenriswolf bezwingt, der vor allem Ausdruck der ahrimanischen Kräfte ist. Ahriman versucht, alles Zukünftige auszulöschen, indem er es in die Gegenwart holt. Er ist der «Verfrüher», ein gnadenloser Beschleuniger, der so eine reguläre, das heißt göttlich veranlagte Evolution zerstören will. Das kann er nur, weil die Evolution mit dem Menschsein und dessen Entwicklung zur Freiheit verbunden wurde. Gott hat hier einen offenen Spielraum geschaffen (siehe auch die Geschichte von Hiob oder eben Faust und Mephistopheles). Widar ist zum Wächter der Zukunft bestimmt und deren regulärer Verwirklichung, im rechten zeitlichen Maß. Deshalb ist er auch der Wächter der Zukunft, die in uns Men-

88 Siehe Volker Fintelmann, *Intuitive Medizin,* Stuttgart [6]2016, S. 262-314.

schen wirkt, die wir als die Ungeborenheit, das noch zu Verwirklichende beschrieben haben.

Krankheiten sind ein wichtiges Feld, in welchem Ahriman den Menschen an die Gegenwart fesseln kann und ihn verleitet, für sich keine Zukunft mehr zu sehen. Das wird deutlich in der modernen Medizin, die ausschließlich den Augenblick einer Befunderhebung oder einer Diagnosestellung kennt. Der Faktor Zeit ist aus der Medizin ganz eliminiert worden, wie es schon der Heidelberger Physiologe Prof. Hans Schäfer im 20. Jahrhundert kritisierte. Man fragt nicht nach der zeitlichen Gestalt einer Krankheit, wie sie sich entwickelte, wohin und zu welchem Ziel sie sich gestalten möchte. Das ist an der Krebskrankheit besonders klar darstellbar. Erst mit der Diagnosestellung ist die Krankheit für die Medizin existent, obwohl die Forschung längst nachgewiesen hat, über welch lange Zeiträume, von zehn bis zwanzig Jahren, sich die Krebserkrankung im Organismus entwickelt. Und man gibt ihr auch keine individuelle Prognose, man rechnet stattdessen in statistisch ermittelten Jahren einer Überlebensdauer, die bei einer bestimmten Zahl von Jahren sogar als Heilung definiert wird, auch wenn wenig später die Krankheit wieder in Erscheinung tritt. Das bewirkt Ahriman, der die göttliche Weltenordnung in bloßes Messen, Zählen und Wiegen verzerrt. Es ist erschreckend, in welchem Maße er den Menschen in der Krankheit fesselt und ihn unfrei macht. Wie großartig, einen schwerstkranken Menschen sich daraus erhebend zu erleben, wenn er wie Christian Morgenstern formuliert: «Kein wahrhaft freier Mensch kann krank sein!»[89] Noch vor hundert Jahren war derjenige der beste Arzt,

89 Zitiert nach Christoph Rau (Hrsg.), *Kein Augenblick ohne ein Ja*, Stuttgart 2002, S. 21.

der ein guter Prognostiker war. Heute ist Prognose selten existent, höchstens in ihrer Verzerrung durch statistische Erhebungen, die für den einzelnen konkreten Kranken so gut wie keine Bedeutung haben. Dem im Schicksal sich frei haltenden Menschen steht Widar zur Seite, ihm ist er Helfer im Durchschauen und letztlich auch Bezwingen des Fenriswolfs, dem ahrimanischen Doppelgänger in uns. Uns Menschen will Widar die Erkenntnis vermitteln, wie das Ich den ahrimanischen sowie auch den luziferischen Doppelgänger in seinen Dienst stellen soll, sodass sie zwar das Böse wollen und doch das Gute schaffen! Denn so wie die Gesundheit ist auch die Krankheit immer eine Ich-Frage, geht beides vom Ich aus und wird von diesem gesteuert. Das können wir in dem obigen Zitat entdecken, wenn es heißt: «Es gibt im Menschen einen Mittelpunkt, wo sich begegnen in seiner eigenen Wesenheit Luzifer und Ahriman. *Da hat der Mensch Gelegenheit*, entweder mit dem Luzifer hinzuschwingen ... oder die Stoßkraft des Ahriman aufzunehmen ...» Die Intention liegt im Ich! Nur ist dieses noch so jung und unfertig, dass es ständiger Hilfe und Beistand in diesem Kräftespiel bedarf. Widar ist ein Helfer, ebenso wie Michael, und beide im Wirken für Christus, der sich als Gottessohn der menschlichen Evolution uneingeschränkt verbunden hat. So verstanden wird auch deutlich, dass Arzneimittel dem Ich dienen oder helfen sollen und nicht an seine Stelle treten dürfen.

Noch einige Gedanken zu Luzifer und dem ihm zugeordneten Doppelgänger. Dieser führt in die Irre, schafft Krankheiten, die eigentlich keine sind und doch als solche bezeichnet werden. Luzifer führt in die Irre, um uns von dem vorgeburtlich geplanten Lebensweg abzulenken. Er hat auch Anteil an den leiblich-organischen Erkrankungen, und zwar immer dann, wenn durch sie ein klares, präsentes Denken verhindert wird. Insofern ist auch ihm Widar gegenübergestellt, doch ist der stärkere und unmittelbarere Helfer hier Michael. Alle Krankheiten, die heute Geistes- oder psychische Krankheiten genannt werden, behindern eminent die Ich-Funktion des Bewusstseins, der Geistesgegenwart, der Präsenz. Sie lassen den Menschen an sich oder der Welt zweifeln, auch verzweifeln, sie schaffen Illusionen, Wahnvorstellungen. Da hilft unmittelbar wirkliche Erkenntnis als Ausdruck wachen und klaren Denkens, die Ich-Erfahrung in der Selbsterkenntnis und das Erlebnis des «Ich bin». Dafür ist unser leuchtendes Vorbild Michael, der immer mit der kosmischen Intelligenz verbunden war und ist. Hier wird der meditativ strebende Mensch gefordert, die höchste Stufe eines Sich-selbst-bewusst-Seins auszubilden. So wirken Michael und Widar auch in dieser Frage von Gesundheit und Krankheit, vom Wissen und Umgang mit den leiblich-seelischen Doppelgängern im Auftrage Christi zusammen.

VI. Widar und die Mistel

Wenn heute von der Mistel als einem Krebsheilmittel gesprochen wird, ist die Weißbeerige Mistel, Viscum album, gemeint, deren wesentliches Verbreitungsgebiet Mitteleuropa ist. Schon im nördlichen Skandinavien ist sie so gut wie nicht zu finden, ebenso wenig in den Mittelmeerländern. Als Heilpflanze ist sie seit langen Zeiten bekannt, in der Phytotherapie zum Beispiel als Mittel gegen zu hohen Blutdruck. Als Krebsheilmittel hat sie erstmals Rudolf Steiner beschrieben, und zwar nachdrücklich. Sieht er in ihr doch *das* zukünftige Heilmittel der seit dem 20. Jahrhundert sich fast epidemisch verbreitenden Krebskrankheit. Allerdings müsse sie durch einen komplexen pharmazeutischen Prozess erst zu ihrer Wirksamkeit gebracht werden, indem getrennt gewonnene Sommer- und Winterextrakte vermittels eines Maschinenprozesses in eine neue Verbindung gebracht werden. Dabei ist es die Kunst, dieser neuen Substanz, die es so in der Natur nicht gibt, eine Stabilität zu geben.

Viel Forschung ist seit hundert Jahren erfolgt, die Vorschläge Steiners technisch und pharmazeutisch zu realisieren, unterschiedliche Vorgehensweisen wurden entwickelt, und es muss offenbleiben, ob das von Steiner erwartete Mistelpräparat bereits existiert, oder ob es sich nur um Vorstufen auf dem Weg zu diesem handelt. Auch in neuerer Zeit gibt es weitere Versuche, das optimale Heilmittel herzustellen, wobei der Schwerpunkt auf der technischen Realisierung der Mischung liegt. Doch auch Fragen der Extraktgewinnung und der verwendeten Teile der Pflanze, letztlich auch der Extraktionsmittel, müssen als offene Forschungsfragen angesehen werden.

Es sollen hier nicht der pharmazeutische Herstellungsprozess und auch nicht die Möglichkeiten der Anwendung fertiger Präparate dargestellt werden, dazu existiert eine umfangreiche Literatur.[90] Hier soll der Aspekt der Ungeborenheit und der Unschuld berührt werden und die Verbundenheit dieser besonderen Pflanze mit Widar. In einem Gespräch mit Verena Staël von Holstein zeigte sich uns ein berührendes Bild: So wie Michael Schwert oder Waage in seiner Hand hält, so hält Widar die Mistel in der seinen.

Wir brauchen den Blick auf die spirituelle Seite der Krebskrankheit und warum die Mistel therapeutisch kausal wirksam ist, was verlangt, auf die Mistel nicht nur naturwissenschaftlich, sondern ebenso spirituell zu schauen. Ihre Beziehung zu Widar können wir durch die Baldursage entdecken, auch wenn in dieser Widar nicht (unmittelbar) erkennbar in Erscheinung tritt. Beginnen wir also mit der Mistel.

Wesen und Auftrag der Mistel

Rudolf Steiner beschreibt die Weißbeerige Mistel als eine in der Entwicklung der Naturreiche auf einer viel früheren Stufe zurückgebliebene (zurückgehaltene) Pflanze. In einer Vorstufe

90 Grundlegende und zusammenfassende Darstellungen u.a.: Volker Fintelmann, Markus Treichler (Hrsg.), *Onkologie auf anthroposophischer Grundlage,* Band 1 und Band 2, Frankfurt 2014. Peter Selg, *Mensch und Mistel,* Berlin 2016. Peter Selg, Maurice Orange, Hartmut Ramm, Severin Poechtrager (Hrsg.), *Mistelforschung und Krebstherapie,* Arlesheim 2016.

der heutigen Erde, die sich einer äußeren Betrachtung nicht ergibt, und die Steiner als «alten Mond» (zum Beispiel in seiner *Geheimwissenschaft im Umriss*) darstellt, ist dieser alte Mond bereits die dritte Evolutionsstufe der heutigen Erde. Eine alte Sonne und ein alter Saturn sind ihr vorausgegangen. Und in jedem dieser Entwicklungsschritte erfolgten Metamorphosen dessen, was wir heute die vier Naturreiche nennen: Mineral, Pflanze, Tier und Mensch. Nach Steiners Forschung wurde auf der ersten Stufe der Mensch veranlagt, dann folgen Tier, Pflanze und Mineral. Alle vier sind aber schon im ersten Schöpfungswurf veranlagt, nur ist noch keine Trennung erfolgt. So ist also der Urmensch Träger aller Naturreiche und sondert eines nach dem anderen aus sich heraus, was zugleich seine Höherentwicklung ermöglicht. Von diesem Standpunkt aus haben wir Menschen uns also auf Kosten der anderen drei Naturreiche entwickelt, uns ihnen quasi verschuldet (siehe S. 121 f.). Auf der Stufe des alten Mondes gab es drei Naturreiche, die als Mineralpflanzen, Pflanzentiere und Tiermenschen existierten. Erst auf der vierten Stufe, der Erde, trennen sich diese in die heute bekannten Naturreiche von Mineral, Pflanze, Tier und Mensch.

Die Mistel war auf der Stufe des alten Mondes eine Tierpflanze und ist es bis in ihre heutige Erdenexistenz geblieben. Sie wird keine reguläre Erdenpflanze, denn sie bildet keine Wurzel. Sie betritt die Erde nur in symbiotischer Verbindung mit einem Baum, indem sie ihren Senker in die Rinde hineintreibt. Aus rein botanischer, vordergründiger Betrachtung mag man sie einen Schmarotzer oder auch Halbschmarotzer nennen, in Wirklichkeit ist sie von königlicher Art und geht eine Symbiose mit den Bäumen ein, deren Stämme Steiner bildhaft als «ausgestülpte Erde» bezeichnete. Ihre Fortpflanzung lässt sie durch

Vögel vollziehen, vor allem durch die Misteldrossel, die ihre Beeren frisst und die in ihnen enthaltenen Samen auf anderen Bäumen wieder ausscheidet. Die Mistel ist von Empfindung durchdrungen wie ein Tier, sie hat einen sie auch physisch berührenden Seelen- oder Astralleib, was sich an zwei Phänomenen ablesen lässt. Sie vollzieht eine Eigenbewegung und bildet starke Gifte. Die Eigenbewegung zeigt sich in der Eigenraumbildung, wenn aus der zunächst regulär heliotrop wachsenden Pflanze nach Jahren plötzlich der Kugelbusch wird. Forscher haben diesen Vorgang filmisch festgehalten, und es ist wirklich bewegend, diesen Tanz der Kugel in die Räumlichkeit schauen zu dürfen, der sich in der Realität allerdings viel langsamer und nur in Etappen vollzieht.

Alle Giftbildung in Pflanzen erläutert Steiner als zu tiefes Eintauchen der Pflanzenseele, die üblicherweise weit außerhalb der Pflanze als die Art verbindende Gruppenseele wirkt. Er schildert das sehr anschaulich am Beispiel der Tollkirsche, Atropa belladonna.[91] Die zwei Hauptgiftarten der Mistel sind nun frappierend, denn sie werden schwerpunktmäßig polar gebildet, die Viscotoxine im Sommer, die Lektine im Winter. Erstere sind extrem zellauflösend, zytotoxisch wirksam, die Lektine eher verhärtend, zytostatisch. Experimentell konnte diese zelltötende Toxizität – im Vergleich mit dem chemisch-synthetischen Zytostatikum Cyclophosphamid (Endoxan®) – in zehn- bis hundertfach geringeren Dosen nachgewiesen werden.

Diese zytotoxische Wirkung ist bei der Mistel in therapeutischer Verabreichung streng krebszellengerichtet, gesunde Zellen werden nicht betroffen! In Mistelpräparaten nach den

91 Rudolf Steiner, *Erdenwissen und Himmelserkenntnis,* Vortrag vom 11.2.1923, GA 221.

Anregungen Steiners sind beide Gifte hochwirksam durch das Zusammenfügen des Sommer- und Winterextrakts verbunden. Dem Leser mag aufgefallen sein, wie sehr diese Zellgiftwirkung den Kräften entspricht, die im Lebensbereich unseres Organismus als ahrimanisch («das Leben ertöten») und luziferisch («das Leben entfachen») dargestellt wurden.

Die Mistel zeigt aber noch weitere Phänomene, die sie aus der Bildung «natürlicher» Pflanzen heraushebt: Sie blüht im Winter und fruchtet erst ein Jahr nach der Blüte. Sie ist immergrün und grünt bis in den Senker, der ja in der Dunkelheit der Baumrinde und des Cambiums vom Licht ausgeschlossen ist. Sie ist zweihäusig getrennt männlich-weiblich, was sie auch in die Nähe der Tierheit stellt. Aus allen geschilderten Eigenschaften kommt Rudolf Steiner in seiner Charakterisierung der Mistel zu der erstaunlichen Aussage, dass in der Mistelbildung die Natur «irrsinnig» geworden sei.[92] Darauf wird noch eingegangen werden.

Nun aber zu der Aufgabe der Mistel in der Baldursage. Baldur ist der Liebling aller Asengötter, denn er vermittelt Licht, Leichte, Freude und Frohsinn. Er entspricht dem griechischen Sonnengott Apoll oder dem persischen Ahura Mazdao, dessen finsterer Gegenspieler Ahriman ist. Baldur ist vor allem der Liebling seiner Mutter Frigg, die um ihn besorgt ist, weil sie auch den Neid einiger Götter an seiner herausgehobenen Stellung erlebt, besonders von Loki, der danach trachtet, Baldur zu verderben. Deshalb durchschreitet Frigg das ganze Reich der Asen und nimmt jeder Kreatur das Versprechen ab, ja sie lässt sie alle schwören, Baldur nicht zu schaden. Ein einziges

92 Rudolf Steiner, *Geisteswissenschaft und Medizin,* Vortrag vom 2.4.1920, GA 312.

Wesen leistet diesen Eid nicht: die Mistel. Unterschiedlich dargestellt, wird sie als zu unscheinbar und am Rande der Welt lebend, oder auch als unschuldig bezeichnet, oder einfach nur von Frigg übersehen. Loki findet das heraus und missbraucht die Mistel, um Baldur zu töten. Er nimmt einen Mistelzweig und schnitzt daraus einen Pfeil. Bei einem Fest der Asen, wo auch das Spiel des Bogenschießens geübt wird, überredet Loki Baldurs blinden Bruder Hödur, mit seiner Unterstützung den Pfeil auf Baldur abzuschießen. Der Mistelpfeil trifft Baldur und tötet ihn.

Baldurs Tod leitet die nordische Götterdämmerung ein, und die großen und führenden Götter unterliegen im Kampfe mit den Widersachern: Thor erschlägt zwar die Midgardschlange, stirbt aber an ihrem giftigen Atem, denn der Stiel seines Hammers, den Loki fertigte, war zu kurz; er kam der Schlange zu nahe. Der Fenriswolf verschlingt Odin und das Feuerwesen Surtur, das aus der Erde aufsteigt, erschlägt Freyr mit dessen eigenem Schwert, das zuvor entwendet wurde. Widar steht abseits, er greift nicht ein, er weiß um die Notwendigkeit der Götterdämmerung und hält sie nicht auf. Sie ist das Bild des Verdämmerns des alten atavistischen Hellsehens, das den Menschen von der Wahrnehmung der Götter, der geistigen Weltrealität trennt. Er wird jetzt ganz der Welt der Sinne und der Physis überantwortet, woraus sich die Weltanschauung des Materialismus unserer Zeit entwickelt. Widar steht für ein neues Hellsehen, das den ichbewussten, wachen und aus Freiheit handelnden Menschen voraussetzt und nicht gegeben ist, sondern von jedem selbst erarbeitet werden muss. Dabei steht Widar erneut an der Seite Michaels und im Dienste Christi.

Die Mistel ist also Werkzeug, das alte Hellsehen erlöschen zu lassen und den Menschen in die Sinnlichkeit zu stoßen, getrennt von dem selbstverständlichen Umgang mit der geistigen Welt und ihren Wesen, «den Göttern». Sie ist durch Lokis Missbrauch unschuldig-schuldig geworden. So ist sie ausersehen, in einer späteren Zeit – der unseren – als Heilmittel etwas auszugleichen, was sie auf sich genommen hat. Um nun zu verstehen, was das Geschilderte mit der Krebskrankheit zu tun hat und warum die Mistel deren Heilmittel werden kann, müssen wir den Blick auf diese Zeitkrankheit werfen, von der gesagt wird, dass in unserer Zeit jeder dritte Mensch davon betroffen ist. Und wir werden anschließend die Frage aufgreifen, in welcher Weise Widar mit beidem – Krankheit und Heilmittel – verbunden ist.

Die Krebskrankheit

Krebs ist kein lokal-organisches Geschehen, es ist eine Krankheit des ganzen Menschen, mit leiblich-seelischer und auch geistiger Ausprägung. Hier werden wir nur die Kerngedanken darstellen, die die Fragen nach einem Zusammenhang mit der Mistel und Widar betreffen. Umfassend ist diese Krankheit verschiedentlich dargestellt worden, wobei wichtig ist, ihren geistigen Kern oder ihr Wesen zu erkennen.[93] Denn die eigentliche Krankheit ist unsichtbar, sie bleibt der sinnenfälligen Anschauung moderner Wissenschaft verborgen, «okkult». Sie ist ein stählernes Band, das die Seele fest an den Leib schmiedet, sodass diese in seine Gesetzmäßigkeiten der Schwere, Dichte und Finsternis, vor allem auch seiner Sterblichkeit gerät. Die Seele in ihrem geistigen Kern ist unsterblich, sie erlebt den drohenden Verlust und äußert

93 Volker Fintelmann, *Intuitive Medizin,* S. 232-257.

dieses Erleben durch die Angst, die sich dieser Krankheit wie das Sekret einer Drüse verbunden hat. Es ist eine ganz irrationale, alle Vernunft verdrängende Angst, genauer hinterfragt, ohne beschreibbaren Inhalt. Doch weiß der unbewusste Seelenanteil im Menschen von diesem ihm drohenden Seelentod. Es gehört deshalb auch zum Verständnis der Krebskrankheit, dass sich die Seele rechtzeitig vor dem leiblichen Tode aus diesem befreien will, um nicht «ihr Ewiges um ihres Zeitlichen willen zu verlieren», wie es in der Menschenweihehandlung der Bewegung für eine religiöse Erneuerung, der «Christengemeinschaft», heißt. Wenn die Seele sich dem Leibe natürlich verbindet und ihn in alle Organe bis in jede einzelne Zelle hinein durchdringt und prägt, nennen wir das physiologisch Einatmung. Goethe beschreibt diese als «Bedrängung», wir können auch sagen «Engung», denn der Leibesraum bedeutet für die weitausschwingende Seele extreme Enge, bildhaft gesprochen eine Art Kerker. Auch der Leib fühlt sich bedrängt und befreit sich durch die Ausatmung, welche die Seele frei gibt und vom Leibe entfernt. Das nannte Goethe das Erlebnis von Erfrischung.

Im Atemholen sind zweierlei Gnaden:
Die Luft einziehn, sich ihrer entladen.
Jenes bedrängt, dieses erfrischt;
So wunderbar ist das Leben gemischt.
Du danke Gott, wenn er dich preßt,
Und dank' ihm, wenn er dich wieder entläßt.[94]

94 Johann Wolfgang von Goethe, *Werke, Gedichte und Epen II,* Band 2, Hamburger Ausgabe in 14 Bänden, kommentiert von Erich Trunz, Taschenbuchausgabe München 2000, S. 10.

Eine zu tief verharrende Einatmung, der nicht sogleich die befreiende Ausatmung folgt, nennen wir Erstickung. Sie ist ein wesentliches Element der Krebskrankheit. Nur erfolgt sie nicht in der großen Lungenatmung, sondern tief in dem Organ bis in die einzelne Zelle, wo der Krebs und seine Stammzelle entstehen. Die Krebszelle lebt anaerob, vom Sauerstoff getrennt, sie hat eine Art von Erstickungsatmung, die alles Feuer von Ich und Seele erstickt. Auch hierfür gibt es einen gewichtigen Hinweis von Rudolf Steiner. In einer Fragenbeantwortung nennt er die Entstehung der Krebskrankheit ein Überwuchern der Ausatmung durch die Einatmung.[95] Wir erkennen daran, dass der Impuls zu der Krebskrankheit aus der Seele stammt, die ja Impulsgeber der Einatmung ist!

An dieser Stelle sei kurz eingefügt, dass in dieser Betrachtung schon die absolute Diskrepanz zur konventionell-wissenschaftlichen Auffassung der Krebskrankheit erlebbar wird. Diese sieht den Krebs als ausschließlich leibliches Geschehen und konzentriert ihre ganzen therapeutischen Bemühungen einseitig darauf, diese leiblichen Krebsgestaltungen, also besonders die Geschwulst, zu beseitigen. Wie einseitig und gar nicht kausal das ist, mögen zwei Aussagen höchst angesehener Krebsforscher der konventionellen Onkologie unterstreichen. Prof. Günter Blobel, für seine Forschungen mit dem Nobelpreis ausgezeichneter deutscher, in den USA arbeitender Forscher, stellte in einem Interview mit einer deutschen Sonntagszeitung fest: «Warum arbeitet eine Krebszelle anders als eine gesunde Zelle? Wenn wir es wüssten, bräuchten wir nicht Atombomben auf Krebszellen zu werfen, wie wir es heute tun: Wir bombar-

95 Roman Boos, *Sozialwissenschaftliche Texte,* 1. und 2. Heft, Verlag Die Kommenden, Freiburg 1961.

dieren die kranken Zellen, töten dabei aber auch unendlich viele gesunde Zellen und rufen damit schwere Nebenwirkungen hervor, die den Patienten stark belasten.» (*Welt am Sonntag*, 17.10.1999)

Einer der führenden deutschen Onkologen und Ärztlicher Direktor der Klinik für Tumorbiologie in Freiburg im Breisgau, Prof. Unger, sagte auf einem Kongress in der Humboldt-Universität zu Berlin, wo sich konventionelle und komplementäre Onkologie begegneten: «Es ist ja die Not der konventionellen Onkologie, dass sie immer nur die Folgen und nicht die Ursachen der Krebskrankheit behandelt.» Das wurde auf dem gleichen Kongress noch untermauert durch die Aussage des teilnehmenden Immunologen der Universität Freiburg im Breisgau, Prof. Dr. Martin, dass kein Mittel der konventionellen Krebstherapie wie Chemotherapie oder Strahlentherapie in der Lage sei, die ursprüngliche Krebsstammzelle auszuschalten. Logisch fortgedacht heißt das: Auf diesem Weg ist die Krebskrankheit nicht heilbar, sie kann lediglich verdrängt oder zeitlich aufgehalten werden![96]

Eine Ursache der Krebskrankheit haben wir also in der zu festen Verbindung der Seele mit dem Leib, in einer Art inneren Erstickung, zu sehen. Das hat seine Wurzeln im Materialismus, der nur die physische oder sinnlich erfahrbare Welt gelten lässt, nur dem Mess-, Wäg- und Zählbaren Wirklichkeit zugesteht. Das ist dann die sogenannte objektive Welt, während alles Subjektive, also auch unser Seelenleben, keine Wirklichkeit haben soll. Letztlich ist alles Seelische entweder nur Einbildung oder Emanation, man könnte überspitzt von Ausschwitzung

96 Kongress «Onkologie Kontrovers? – Integrativ!», Charité und Humboldt-Universität zu Berlin, 30.6.2007.

oder Sekretion leiblich-organischer Vorgänge sprechen. Einem (noch) gesunden Menschenverstand ist das allerdings nicht akzeptabel, gerade Seelenäußerungen wie Freude und Leid, Lust und Unlust oder Antrieb und Gelähmtheit sind ihm reale Erfahrungen.

Vom Geistigen aus gesehen können wir durch Rudolf Steiner noch eine weitere Ursache entdecken, die durchaus mit der seelischen in Zusammenhang steht. In einem Vortrag von zentraler Bedeutung vom 16. Oktober 1918 (GA 182) spricht er von einer Krankheit, die in Verbindung mit dem gesellschaftlich-kulturellen Phänomen auftritt, dass der Mensch den Vatergott leugnet, zum Atheisten wird. Steiner spricht von der *Gottesleugnerkrankheit*. Sie ist die geistige Wurzel der Krebskrankheit, weil sich mit ihr der Mensch von seiner Schöpfungswurzel trennt, seine Verbindung mit einer geistigen Führung negiert. Auch diese Haltung bildet Materialismus, schafft Urknalltheorien für die Schöpfung, macht Mensch und Welt zu Automaten und löscht das entstehende Ich- oder Selbstbewusstsein aus und damit das Erleben und Erkennen der eigenen, unverwechselbaren und einmaligen Individualität.

Diese geistige Wurzel der Krebskrankheit führt uns zu Sorat, der im vierten Kapitel dargestellt wird (siehe S. 89 ff.). Er ist das zweihörnige Tier in der Apokalypse des Johannes, das die Menschen magisch dazu verführt, das zehnhörnige und siebenköpfige Tier mit der todbringenden Wunde, die geheilt wurde, anzubeten. Er lässt die Menschen ein Götzenbild dieses Tieres bauen, dem er Leben einhaucht und sorgt dafür, dass die Menschen das Zeichen des Tiers auf Stirn oder Hand tragen und ausschließlich ihm dienen (*Apokalypse*, 13. Kapitel). Sorat als unmittelbarer Gegner Christi, als Anti-Christus oder auch Sonnendämon, verbaut mit seiner Magie den Weg des Menschen zum Vatergott, der über Christus führt: «Niemand kommt zum Vater denn durch mich.» (Joh 14,6). Er bewirkt durch sein Tun die Gottesleugnerkrankheit der Menschen.

Krebs ist also, wie es einleitend gesagt wurde, eine geistige, seelische und leibliche Krankheit, wobei alles im Leibe Geschehende eine Folge, nicht die Ursache ist. Das gilt besonders für die Krebszellgeschwulst. Sie ist Ausdruck der Seele, die sich durch die Zerstörung des eigenen Leibes aus diesem zu befreien versucht! Sie ist nicht die Krankheit, sondern ein eher verzweifelter Rettungsversuch gegenüber dem einseitigen Verankertsein der Seele im Leibe und dessen Vergänglichkeit. Die brutale Beseitigung oder, wie es meist martialisch heißt, Vernichtung der Geschwulst führt überhaupt nicht zu einer Heilung oder – aus Sicht der Seele – zur Befreiung, sondern sie wirft vielmehr in die Tiefen der verborgenen Krankheit zurück. Therapie mit Blick auf die Krebsgeschwulst kann also nur heißen, diesen untauglichen Heilungsversuch einer Art leiblichen Selbstvernichtung überflüssig und damit rückgängig zu machen, was bedeutet, die Krebszellen der Geschwulst wieder in den gesunden Zellorganismus zu reintegrieren; oder aber den Organismus zu lehren, gesund mit der Geschwulst zu leben, deren Zellen ja ursprünglich eigene und gesunde waren. Ersteres erscheint utopisch, Letzteres ist denkbar und längst bewiesen. Krebstherapie mit besonderem Blick auf die Mistel und Widar muss also ursächlich an ganz anderen Orten des Menschseins beginnen, als es heute fast allüberall praktiziert wird.

Eine «kausale» Krebstherapie

Auch hier kann nur die große Linie einer auf die Ursachen der Krebskrankheit zielenden Therapie geschildert werden und eigentlich auch nur mit dem Blick auf die Mistel und ihren Anteil daran. Denn auch wenn Rudolf Steiner in ihr *das* Heilmittel sieht, kann sie es nur im Zusammenhang mit einem Gesamtkonzept werden, das fünf Grundelemente umfasst: der eigene Anteil des Kranken, seine Wandlung zu Neuem; das Wecken der Kreativität durch die Künste; die eigentlich urchristliche Geste des Handauflegens, der Behandlung in der Pflege; dann die von außen gereichte Arznei, hier also die Mistel, und schließlich das alles durchdringende therapeutische Gespräch, das Goethe als «erquicklicher als das Licht» bezeichnete.

Zwei Hauptursachen wurden beschrieben, denen es therapeutisch zu begegnen gilt: eine primär geistige, das Ich betreffende, und eine seelische, die als zu feste Bindung an den Leib oder Erstickung im Organ bezeichnet wurde. Und auf beide wirkt die Mistel. Denn auch sie hat eine geistige Dimension: die Ungeborenheit und Unschuld.

Hier soll kurz methodisch angemerkt werden, dass alles bisher Dargestellte und das nun Folgende der eigenen Anschauung und praktischen Erfahrung entstammt. Es ist nicht erdacht, nicht aus Lehrbüchern gewonnen, sondern Ausdruck eines Erfahrungsweges von über vier Jahrzehnten und mit ihm verbunden den Begegnungen mit Hunderten, ja Tausenden von an Krebs erkrankten Menschen. Sie – ihre Krankheit und wie die Mistel mit ihnen und der Krankheit in ein Gespräch kam – waren Lehrer beziehungsweise Erkenntnisvermittler. Das Goethewort der anschauenden Urteilskraft war stets ein Vorbild. Die diagnostischen Wege der modernen Medizin wurden nie vernachlässigt, sie waren immer Fundament einer objektiv-beweisenden Erkenntnismethode, immer jedoch ergänzt um die anschauend-vergleichende, die das unsichtbare Geschehen im verborgenen Leiblichen in seiner Begegnung mit dem Seelenleben erfasste und so innerlich sichtbar machte.

Und ein dritter Erkenntnisschritt wurde hinzugefügt, der die Besonderheit der persönlichen Erkrankung durchforschte, um Antwort auf die Frage zu finden, welcher Weg für *diesen* konkreten Menschen und den Sinn *seines* Krankwerdens der richtige sei. Wir nennen diesen methodischen Schritt den physiognomisch-beschreibenden. Vieles davon findet in der Biografie seinen Ausdruck, in der Lebenssignatur, äußert sich jedoch auch in den alltäglichen Begegnungen. Alle drei Schritte oder Wege führen zu dem ganzheitlichen Erfassen einer Krankheit und der Frage, die sie an den jeweils Erkrankten richtet, und münden in einem *intuitiven Erkennen* der Lebenssituation und in der unmittelbaren Konsequenz in der Therapie, die rational, das heißt begründbar und auch kausal ist. Von daher kann man eine solcherart methodisch gegründete Medizin mit einem Begriff Rudolf Steiners auch «Intuitive Medizin» nennen.[97]

Doch nun zur Aufgabe der Mistel für einen so charakterisierten therapeutischen Weg. Erste und wichtigste Erkenntnis: dieser braucht Zeit! Alle Hektik gerade zu Beginn einer Therapie nach erster Diagnosestellung ist (mit wenigen Ausnahmen) absolut kontraproduktiv. Patient und Therapeuten benötigen ausreichend Zeit, um ein Verständnis der Krankheitssituation sowie die Entwicklung eines therapeutischen Konzepts zu re-

97 Siehe auch Volker Fintelmann, *Intuitive Medizin,* Kapitel 2 «Erkenntnistheoretische Erwägungen», und ders., «Wir brauchen eine intuitive Medizin», in: Markus Treichler (Hrsg.), *Die Seele war von Anfang an dabei*, Frankfurt am Main 2020, S. 15–44.

alisieren. Der Krebs ist ja nicht mit der Diagnose entstanden, sondern durchlief lange Zeiträume seiner Entwicklung im Organismus. Die theoretische Krebsforschung hat längst bewiesen, dass von der ersten Krebszelle, die sich gegenüber dem Organismus und seiner Immunität Autonomie schafft, und ihrer frühestmöglichen Entdeckung mit modernsten diagnostischen Methoden minimal sieben Jahre, im Allgemeinen eher zehn bis fünfzehn Jahre und oft auch noch längere Zeiträume vergehen. Das ist insofern erschreckend, als alle heute angebotene Früherkennung in Wirklichkeit späte Erkenntnis eines lange vorbereiteten Geschehens ist. Krebs ist seiner Natur nach keine schnell verlaufende Krankheit, sondern eine eher eminent langsame oder auch chronische Krankheit.

Kann man der Mistel – therapeutisch angewendet – ablesen, dass sie sowohl auf die Erstickungs- als auch auf die Geistleugnungsseite des Krebs Einfluss nimmt? Die Antwort lautet: Ja! Ihre wesentlichen Elemente hierfür sind die Vermittlung von Licht und Wärme. Das Licht hilft der Seele, sich von der Fesselung an den Leib zu befreien, die Wärme führt das Ich an die Seele und durch diese an den Leib heran, sodass es sich in diesem wahrnehmend als Selbst erlebt.

Der Weg zum Ich vermittels der Wärme ist laut Rudolf Steiner unverzichtbar. Er betont in den Vorträgen für Ärzte, dass mit der Mistel keine Heilung erzielt werden könne, wenn sie nicht Fieber erzeuge. Fieber ist *die* maximale Wärmesteigerung, die im Gesamtorganismus möglich ist, und bedeutet zugleich intensive Ich-Integration. Gerade das will der Sonnendämon Sorat verhindern, weshalb die von ihm mitgeprägte Medizin sich absolut fieberfeindlich gestaltet, man denke an die Fieberzäpfchen für Säuglinge und Kinder, die Fülle fiebersenkender Mittel bei Entzündungskrankheiten, die extreme Wärmeunterdrückung durch Kortison und bestimmte Antirheumamittel.

Die Mistel dagegen regt die dem Organismus eigene Wärmebildung an, sie will Fieber nicht erzwingen. Die gesunde Wärme, die sich in der Körpertemperatur messen lässt, schwingt im ungefähren 24-Stunden-Rhythmus (zirkadian), einer doppelten Sinuskurve vergleichbar. Beim Krebskranken geht das verloren, die Temperatur erstarrt, sie atmet nicht mehr, und sie ist fast immer basal stark erniedrigt. Ein typischer Ausdruck der Krankheit ist auch, dass der betreffende Mensch schon lange kein Fieber mehr erlebte. Das wird durch Mistelinjektionen geändert, am frühesten erkennbar an der Temperaturkurve, die wieder Schwingungen und eine allmähliche Temperaturerhöhung zeigt. Schon bevor beides äußerlich messbar wird, erleben viele Patienten eine wohltuende Durchwärmung.

Im Seelischen gestaltet sich Positivität, ganz langsam auch eine Relativierung der Angst, das Interesse an der Welt erwacht wieder, wo der Mensch zuvor ganz in sich gefangen schien. So äußerte eine Krebspatienten als ein ganz einfaches Beispiel, was gemeint ist: «Nun liege ich schon einige Wochen in diesem Zimmer und entdecke erst heute beim Blick aus dem Fenster, welche wunderschöne Form die Birke da draußen hat.» Interesse an der Welt ist eine typische Ich-Funktion. Im Wesen der Mistel liegt es nicht, Wärme zu vermitteln. Sie lebt zwischen Luft und Wasser, wie es dem alten Mond entsprach. Sowenig wie sie der Erde zugewandt ist, so wenig auch dem Element des Feuers oder eben der Wärme. Dass sie es dennoch tut und kann, wenn sie dem krebskranken Menschen begegnet, ist Ergebnis des Herstellungsprozesses. In diesem verbirgt sich ein sakramentales Geheimnis, wenn die Mistel in ihm eine der Taufe vergleichbare Erfahrung durchmacht. Sie ist ein heidnisches, ein vorchristliches Wesen, sie kennt Christus nur als Geist der Sonne. Nach dieser, dem Ursprungsquell alles Pflanzlichen, hat sie eine tiefe Sehnsucht, die sich auch in der Kugelform versinnbildlicht. Sie kann nicht wissen, dass Christus sich mit der Erde verbunden hat. Das lernt sie erst durch den Menschen, der sie zum Krebsheilmittel macht. So wie Widar sich erst zum Christentum bekehrt hat, um IHM jetzt im Erdensein helfend zu dienen, so erfährt es die Mistel durch den Pharmazeuten, der seinen Labortisch zum Altar macht. Nach diesem Prozess kann die Mistel (christliche) Sonnenwärme schenken und mit ihr die körpereigene Wärmebildung stimulieren.

Das Licht ist ihr eigentliches Element, das sie in die im Leibe darbende Seele hineinträgt. Aus der Verbindung mit dem Licht kann sie immergrün sein, mit ihrem ihr innewohnenden Licht trägt sie das Grün bis in die Dunkelheit (der Baumrinde), die ihren Senker umschließt. «Und das Licht scheint in der Finsternis», heißt es im Prolog des *Johannesevangeliums*, und diesem Licht der Welt ist die Mistel verbunden. Im Krebspatienten erregt sie Zuversicht, die Krankheit zu überwinden, was auch heißt, ihren Sinn zu erfüllen. Licht vermittelt Leichte, ist ein ganz wichtiges Element der Lebenskräfte und ruft in ihnen die natürliche Immunität, auch Abwehr genannt, zu erhöhter Tätigkeit auf, das fremde Gewebe im Organismus zu eliminieren oder es sich zu eigen zu machen, was wir auch verdauen nennen. Licht ist auch ein Helfer gegen die Angst, denn wenn das in der Dunkelheit Verborgene angeschaut werden kann, weil das Licht darauf fällt, lässt sich die Angst mindern oder gar besiegen. Das gilt auch für die den Krebs oft begleitenden depressiven Verstimmungen und die Hoffnungslosigkeit.

Wärme und Licht als übergeordnete Helfer der Heilung haben in ihrer Gefolgschaft viele Geschehnisse, die sich in der leiblichen Ebene bis in die Messbarkeit ausbreiten. Für die Temperaturmessung wurde das schon angesprochen. Die immunologischen Phänomene auf zellulärer und humoraler Ebene seien ein weiteres Beispiel.

Und am eindrücklichsten ist natürlich, wenn sich an der Geschwulstbildung etwas verändert: dass sie schrumpft, dass sich im ersten Schritt keine weiteren Geschwülste bilden, oder die eine große Geschwulst nicht mehr wächst. Doch geht die Mistelwirkung bis dahin, dass die Geschwulst oder ihre Metastasen auch vollständig verschwinden. Das ist heute seltener zu beobachten als in den ersten Jahrzehnten der Misteltherapie, was an der größeren leiblichen und seelischen Verhärtung der Menschen durch den Materialismus liegt. Deutlich auffallend sind die großen Epidemien entzündlich-fieberhafter Erkrankungen verschwunden, und die chronisch-verhärtenden Krankheiten an ihre Stelle getreten. Deshalb wird bei erfolgreicher Therapie heute eher erreicht, die Geschwulst auszugrenzen, indem der Organismus sie verkapselt, und sie so zu einer (inneren) Außenwelt macht. So wurde ja früher – und auch heute noch – die Tuberkulose geheilt, verkapselt oder gar verkalkt. Und doch finden sich in diesen ausgegrenzten Herden immer noch aktive Tuberkelbakterien, die jedoch keine Auswirkungen mehr auf den Organismus haben.

Für den Krebs heißt das, mit der Geschwulst als Ausgegrenztes gesund zu leben, weil die eigentliche Krankheit geheilt wurde. Ein besonderes Erlebnis dieser Art blieb für immer in Erinnerung: Eine über siebzig Jahre alte Frau hatte vor mehr als 25 Jahren einen bösartigen Tumor der Gebärmutter (Uterussarkom), der bald nach der operativen Totalentfernung mit einer Lungenmetastase wieder in Erscheinung trat. Auch diese wurde operiert, doch schon ein Jahr später war eine weitere, ungefähr gänseeigroße Metastase in der Lunge nachzuweisen. Die selbstbewusste Frau wollte nicht erneut operiert werden und suchte in einer süddeutschen Großstadt einen Arzt auf, der direkter Schüler Rudolf Steiners gewesen war und sie mit der Mistel behandelte. Seither war sie gesund, wenn auch unverändert mit der einen großen Metastase in der Lunge. Sie zog dann in ihre Heimatstadt Hamburg zurück und wurde meine Patientin (Bericht Volker Fintelmann). Ihr Leben lang war sie starke Raucherin und starb in Folge eines Herzinfarkts in unserer Klinik. Sie hatte in früheren Gesprächen mit mir darauf bestanden, dass nach ihrem Tod eine Obduktion durchgeführt werde. Sie wollte der medizinischen Wissenschaft zeigen, dass die Mistel sie vom Krebs geheilt hatte. Der Pathologe war hocherstaunt, als er auf die Lungenmetastase stieß und von mir die Vorgeschichte hörte. Diese Metastase war von einer etwa einen Zentimeter dicken Bindegewebsschicht ummantelt. So etwas habe er noch nie zuvor gesehen.

Entscheidender, als was an oder mit der Geschwulst geschieht, ist jedoch, wie der Mensch die Weichen seines Lebens neu stellt, wie er sich selber im Ausdruck seiner Biografie neu entdeckt, wie er lange Verschüttetes, immer Gewolltes und nie Verwirklichtes («Ungeborenes») nun aufgreift und in sein Leben integriert. Dabei ist die Entdeckung gelebter Spiritualität fast unverzichtbar. Denn Krebs ist die Krankheit, durch deren Überwindung wir das aller Welt zugrunde liegende Geistige neu entdecken können. Wir müssen nicht gleich hellsichtig werden und dieser Welt so anschaulich begegnen, wie es die Menschen – und beziehen wir die Reinkarnation mit ein, somit jeder von uns – in weiter Vergangenheit instinktiv konnten. Es beginnt mit dem Wissen und der Anerkennung der geistigen Seite der Wirklichkeit und der Kommunikation mit den in ihr wirkenden Kräften, die Ausdruck vieler und differenzierter Wesen sind, guter und hilfreicher sowie böser und hemmender. Ein Weg zu dieser Verbindung war stets das Gebet, und er kann es immer noch sein. Ein moderner, noch eigenaktiverer Weg ist die Meditation. In jedem Menschen veranlagte Seelenorgane können belebt werden und den Zugang öffnen, durch das sinnlich Erscheinende («die Dinge») das in ihnen verborgene Wirksame wahrzunehmen, dessen bildhaft ansichtig zu werden. Das ist ein wichtiger Eigenanteil zur Überwindung der Krebskrankheit, das schafft den vorbereiteten «Acker», in welchem die Mistel therapeutisch wirken kann.

Widar begleitet diese Pflanze seit langer Zeit. Er hat miterlebt, welche Funktion sie ausübte im Mythos von Baldurs Tod und der dadurch beginnenden Götterdämmerung, die ein der Vertreibung aus dem Paradies vergleichbares Geschehen darstellt, die Sonderung des Menschen vom Vatergott zum Erwerb der Freiheit. Widar wusste, dass die Mistel so, wie sie das alte atavistische Hellsehen auslöschte, in sich eine Zukunftskraft trug, die Verbindung des nun mehr und mehr freien Menschen zu dem Göttlich-Geistigen wieder keimen zu lassen. Denn es ist ein altes Gesetz, dass Gleiches durch Gleiches geheilt wird. «Und wenn wir wissen, dass in vieler Beziehung dasjenige, was der gesunden Entwicklung widerstrebt, der kranken Entwicklung dienen muss, dann begreifen wir, dass es eine große, weise Intuition unserer Vorfahren war, die sie dazu führte, in der Mistel besonders heilende Kräfte und Säfte zu suchen», sagte Rudolf Steiner schon 1908 in einem Vortrag.[98] Widar, dessen Zukunftsaufgabe es ist, den Menschen über das Naturerkennen

98 Rudolf Steiner, *Welt, Erde und Mensch,* Vortrag vom 8.8.1908, GA 105.

den Weg zu einem neuen Hellsehen zu weisen, wirkt durch die Mistel zunächst bei der Überwindung der Krebskrankheit mit. Diese ist Ausdruck davon, dass der Mensch mit seiner Seele und seinem Ich sich ganz der sinnlich-materiellen Welt übergeben hat, zum Leugner alles Geistigen wurde. Denn das wissenschaftliche Bekenntnis dieser Tatsache lautet: «Ohne Körper gibt es keinen Geist.» Das ist das moderne Fazit der Begegnung hochrangiger Experten von Natur- und Geisteswissenschaft. Diese Irreführung des Menschen muss aufgehoben werden. So verstehen wir auch den bereits zugrunde gelegten Satz Steiners: «Würde man nicht zu stark Anstoß erregen damit, so könnte man sagen, wenn man hinschaut auf die Mistelbildungen und die wirksame Natur in Betracht zieht: Diese wirksame Natur ist dabei irrsinnig geworden, sie macht alles zur Unzeit in Bezug auf die Mistel. Das ist aber gerade dasjenige, was man eben wiederum benützen muss, wenn auf der anderen Seite der menschliche Organismus physisch irrsinnig wird, und das wird er ja zum Beispiel gerade in der Karzinombildung.» (GA 312, 2. April 1920)

Die Krebskrankheit ist Ausdruck des in die Irre geführten Menschen. Sie ist deshalb mehr Menschheitsschicksal als Einzelschicksal. Der einzelne Kranke durchleidet sie für alle Menschen, um die Geistesferne zu überwinden, wenngleich sie auch durchaus persönliches Leid und Schicksal sein kann. Dabei kann uns Widar Begleiter und Helfer sein.

Liebe Leserin, lieber Leser,

mit dieser Karte können Sie uns Ihre Fragen und Wünsche oder Ihre Meinung zum Buch mitteilen.

Diese Karte entnahm ich dem Buch: ______________________________

Meine Meinung zu diesem Buch:

Ich habe folgende Fragen / Wünsche:

☐ **Ich bin damit einverstanden, dass meine Meinung eventuell veröffentlicht wird.** (Ggfs. bitte ankreuzen!)

VII. Mit Widar zukunftsfähig werden

«Alles fließt.»
Heraklit

Eine der wichtigsten Fragen unserer Zeit ist die erkennende und schöpferische Realisierung von Zukunft, das Bilden eines neuen Sinns für das Kommende.[99] Wir können den Menschen nur verstehen, wenn wir ihn als Werdenden erfassen. Zwei Anstöße können den Blick auf dieses Thema freigeben: das Buch von Robert Jungk mit dem Titel *Die Zukunft hat schon begonnen*, und ein Ausspruch des Dichters Christian Morgenstern: «O Freunde, liebt mich nicht, / niemals den, der ich bin; / doch was ich werden möchte, / das, das liebt an mir.»[100]

Wir haben schon vielfach angesprochen, dass Widar den Zukunftskräften innig verbunden ist, über sie wacht und nicht dulden wird, dass der Fenriswolf sich ihrer bemächtigt, und uns mit ihnen in ein Augenblicksdasein fesselt.

Gerade die sogenannte Humanmedizin, in deren Mittelpunkt und Tätigkeitsfeld der Mensch steht, ist ein Beispiel für die unerbittliche Fesselung durch Verlust der Anknüpfung an Zukunftskräfte. Alles ist in ihr Momentaufnahme, alles stützt sie auf im Augenblick gestellte Befunde. Sie hat die Fähigkeit zur Prognose völlig eingebüßt, und wo sie eine solche überhaupt

99 Siehe dazu auch J. W. Ernst, *Das Schicksal unserer Zivilisation und die kommende Kultur des 21. Jahrhunderts*, Freiburg 1977.

100 Christian Morgenstern, *Werke und Briefe*; *Lyrik*, Band II, Stuttgarter Werkausgabe ²2013, S. 42.

einbezieht, überlässt sie sich der Wahrscheinlichkeitsrechnung, der Statistik, in der der zeitliche Ablauf keine Rolle spielt. Dieser zeigt sich jedoch in den Funktionen der Organe und ihren Rhythmen. Darüber gibt es eine moderne Wissenschaft, die Chronomedizin, die jedoch ein Randdasein führt und in der praktischen Medizin kaum angekommen ist.

Wenn die Medizin von funktionellen Störungen oder Krankheiten spricht, ist das meist geringschätzig gemeint und wird nicht wirklich ernst genommen. Oft ist zu lesen und zu hören, es fände sich kein organischer Befund. Als ob die Funktion nichts «Organisches» sei! Jede gestörte Funktion bedeutet immer, dass ein Organ zum Störenfried im Gesamtorganismus wird, was zu Folgen an vielen anderen Orten führt. Diese Zusammenhänge werden jedoch zumeist nicht gesehen. Die Funktionen der Organe äußern sich als unser Befinden, wir fühlen uns wohl oder gar gesund, wenn wir nichts vom Körper spüren, weil alles wie gewohnt «funktioniert», so, wie wir es erwarten. Ist eine Funktion oder sind auch mehrere gestört, äußert sich das im Missempfinden und einer Vielfalt möglicher Symptome. Der Mensch erlebt seine Lebensqualität dann meistens mehr beeinträchtigt, als dies zum Beispiel bei einem hohen Cholesterinwert oder einem erhöhten Blutdruck der Fall wäre, von denen er nichts bemerkt.

Zeit ist ein schwer zu fassendes Phänomen, aber existenziell mit uns Menschen verbunden. Denn als in der Schöpfung der Keim zum Menschwerden gelegt wurde, entstand «gleichzeitig» die Zeit, um es stimmig, aber für den Verstand paradox auszudrücken. Ihr Geheimnis ist vielfältig, sie ist allen Lebensvorgängen immanent, und in ihr wirkt zunehmend der Christus-Impuls. Zeit gliedert sich in Vergangenheit, Gegenwart und Zukunft. Gerade der Augenblick (Gegenwart) lässt erleben, wie unterschiedlich Zeit sich in ihm ausdrückt, wie kurz oder wiederum auch lang er sein kann, zum Beispiel beim Abschied von einem geliebten Menschen. Überhaupt nicht zum Ausdruck kommt die Zeit in der Mechanik einer Uhr, auch nicht im bloßen Messen von Zeitintervallen. Wir können in den drei Elementen der Zeit erneut die vermittelte Polarität oder Dreiheit entdecken, die unserer Weltenordnung überall konstitutiv zugrunde liegt.

Luzifer will nur die Vergangenheit gelten lassen, er möchte uns an sie binden, es soll alles so bleiben, wie es schon immer war – bloß kein Fortschritt! In seinem Reich gibt es zwar extremen Egoismus, aber keine Individualität, wir sollen uns unserer selbst nicht wahrhaft bewusst werden, sondern in seinem Sinne so etwas wie «geistige Automaten» sein. Der Ausdruck «früher war alles besser» wird durch ihn zu einer Waffe zwischen den Generationen, ja sogar im Hinblick auf die Entwicklungswege eines einzelnen Menschen kann diese Einstellung verheerend wirken.

Ahriman wirkt programmatisch in die Zukunft, aber nicht wie Widar mit den «ungeborenen Kräften», sondern indem er die Zukunft zu einem festgehaltenen Jetzt machen möchte, was uns aus dem Strom des Werdens in den Stillstand zwingt. Sein Wille drückt sich unerbittlich im «L'homme machine» aus. Die Welt der Roboter und aller Maschinen, die mehr und mehr den Menschen ersetzen sollen, ist seine Schöpfung, wobei er nicht bemerkt, dass er sich seines «liebsten Spielzeugs», des Menschen, beraubt und dann in einer bloßen Maschinenwelt nichts mehr finden wird, was ihm nützt. Was wiederum ein Charakteristikum seines nicht mit Ich-Entwicklung verbundenen Wesens ist, weshalb er uns Menschen letztlich als tragisch erscheint.

Zwischen Luzifer und Ahriman steht Christus und mit ihm das Menschen-Ich, reine Gegenwart bildend. Deshalb kann als höchste Ich-Funktion Präsenz oder Geistesgegenwart erfahren werden. Christus erleben wir in seiner Allgegenwart, die alle drei Zeiten organisch umfasst. Und wir erahnen, dass der Raum in Christus «aufgehoben» ist in die lebendigen Zeiten-Rhythmen. Und doch tritt Gegenwart in den Raum, in Erscheinung, und wir verstehen die Botschaft von Gurnemanz an Parsifal bei Richard Wagner: «Zum Raum wird hier die Zeit.» In jeder bewusst durchlebten Gegenwart sind Vergangenheit und Zukunft anwesend, in ihr begegnen sie sich.

In der göttlichen Trinität können wir diese Dreiheit der Zeit urbildhaft erkennen. Der VATER trägt die Kräfte der Vergangenheit, er ist Ursprung allen Karmas der Vergangenheit. Er, «der die Krankheit schickt zum Ausgleich des Karma», wie es in der Meditation zum *Pastoral-Medizinischen Kurs* heißt. Er ist der Urgrund allen Seins, Schöpfer der geschaffenen Welt – der Weltengrund.

Der HEILIGE GEIST wirkt aus der Zukunft, er bereitet das zukünftige Karma von Erde und Mensch. Durch ihn wird alles offengehalten, um aus der Freiheit der Menschen gestaltet werden zu können. Von ihm heißt es in der genannten Meditation, dass er «die Seele in Irrtum zum Erwerb der Freiheit leitet». Dieser nicht einfach zu fassende Gedanke hat eine andere Version in Goethes *Faust*: «Es irrt der Mensch, solang' er strebt.»[101]

Das Werden vollzieht sich in der Möglichkeit des Irrens.

101 Johann Wolfgang von Goethe, Werke; *Dramatische Dichtungen I*, Band 3, Hamburger Ausgabe in 14 Bänden, kommentiert von Erich Trunz, Taschenbuchausgabe München 2000, S. 18.

Gäbe es nur den einen richtigen Weg, wo bliebe dann die Freiheit? Wenn wir vollkommen wären, wären wir nicht frei.

Christus als SOHN verbindet beide Kräfte wie ein pulsierendes Herzorgan, sein Wirken äußert sich als «sich verbreitendes Zirkulationsleben» (siehe S. 64 ff.). In ihm ist ständiger Ausgleich, auch Gleichklang, er verbindet das Polare, er harmonisiert es. «Christus führt nach unten und nach oben / Harmonisch Geistesmensch in Erdenmenschen zeugend.»[102]

Widar wirkt auf die Waagschale der Zukunft, er ist ein Wesens-Element des Heiligen Geistes. Dazu gehört, warten zu können, um den rechten Zeitpunkt zu ermöglichen. Denn alles hat seine Zeit. Widar begegnen wir im Abwarten-Können. Er schaut dem Götterleben zu, dem Unwirken von Loki, seinen verderblichen Geschöpfen Hel, Midgardschlange und Fenriswolf. Er schaut auch der Götterdämmerung zu, sieht den Fenriswolf seinen Vater Odin verschlingen, versucht nicht voreilig, ihn zu retten. Denn seine Zeit ist noch nicht gekommen. Darin spiegelt sich auch die Seelenqualität der Geduld, die der treibenden Kraft unserer Zeit, der Ungeduld, entgegentritt. Im Warten-Können liegt auch die Fähigkeit, seine Taten nicht für sich selber zum Gewinn zu tun, nicht ernten zu wollen, was man säte. Im Organismus entspricht das der Herzfunktion. Steiner machte aufmerksam auf das Zukünftige dieses Organs, indem er auf dessen quergestreifte Muskulatur hinwies. Diese tritt eigentlich nur auf, wenn die Muskulatur bewussten Willensimpulsen folgen soll. Aller unbewusst bleibenden Muskeltätigkeit dient die sogenannte glatte Muskulatur, zum Beispiel des Darms oder der Blutgefäße. Wir sind noch nicht imstande,

102 Rudolf Steiner, *Pastoral-Medizinischer Kurs*, Meditation im Vortrag vom 18.9.1924, GA 318.

unsere Herztätigkeit willentlich zu beeinflussen. Das wird sich in Zukunft ändern, wenn das Herz mehr und mehr Denkorgan wird, wenn es ein schöpferisches Reproduktionsorgan werden wird. Unser Herz ist in diesem Sinne ein Widar-Organ. Mit aller Behutsamkeit lässt sich sagen, dass Widar aus unserem Herzen wirken kann, in einem Lichtstrom, der vom Herzen zum Haupte strömt, und dem ein anderer Strom, der des Michael, von oben nach unten entgegenkommt. Dieser trägt die Klarheit des Denkens, von unten durchdringt ihn Herzenswärme. Im 4. Wochenspruch des *Seelenkalenders* von Rudolf Steiner heißt es:

Ich fühle Wesen meines Wesens:
So spricht Empfindung,
Die in der sonnerhellten Welt
Mit Lichtesfluten sich vereint;
Sie will dem Denken
Zur Klarheit Wärme schenken
Und Mensch und Welt
In Einheit fest verbinden.

Die Empfindung ist ein Seelenelement, das es zu entdecken gilt. Ihre Substanzialität ist durchwärmtes Licht, was sie auch als ein Sonnenelement erleben lässt. In leiblicher Organisation als Empfindungsleib ist sie Gefäß für die Seele, deren Verbindungsglied für ihre Kommunikation mit dem Leib. Diese Verbindung äußert sich im Atem, dessen Element die Luft ist. Luft und Licht vereinen sich im Empfinden und schaffen eine Einheit von Mensch und Welt oder – im Kleineren – von Seele und Leib. Das ist Widar-Wirken, besonders dann, wenn Welt «Natur» bedeutet, die uns allüberall umgibt und begegnet.

Durch Widar soll in uns etwas aktiv werden, was mit dem

selten gebrauchten Wort «Vorzügler» ausgesprochen wird. Jeder wird das Wort Nachzügler kennen, Ausdruck dessen, was immer mehr oder minder zurückbleibt, dadurch vielleicht eine Gemeinschaft auch aufhält. Der Vorzügler ist seiner Zeit voraus, er bildet Zukunft, er ist Visionär, jedoch ein solcher, der seine Vision realisieren will. Er bringt voran, in ihm hat die Zukunft schon begonnen. Und wieder: das ist Widar-Kraft.

Steiner hat eine Imagination geschaffen, die meditativer Inhalt für das hier Angesprochene werden kann. Er blickt auf Mond, Erde und Sonne und beschreibt im Mond das Tor zur Vergangenheit, das von Luzifer bewacht wird. Ihm gegenüber finden wir das Tor der Sonne, das uns zur Zukunft führt und vor dem Ahriman wacht, uns zu hindern, dieses Tor mutvoll zu durchschreiten. Die Erde bildet den Ausgleich, ihr hat sich Christus verbunden, ist zum Herrn der Erde geworden und führt uns beide Wege, zur Vergangenheit wie zur Zukunft. Durch ihn entsteht wahre Gegenwart, von der wir etwas erahnen können in der Wesensbezeichnung «ICH BIN der ICH BIN».

Widar als Christus-Helfer wirkt besonders auf der Waagschale der Zukunft. Er bezwingt für und mit uns den ahrimanischen Fenriswolf, er hält das Maul (das «Tor») für uns offen und verleiht uns die Kraft, an dem finsteren Wächter vorbeizuschreiten. Michael steht auf der Waagschale der Vergangenheit, er hält das Drachenwesen unter seinen Füßen und trägt Sorge, dass wir immer zurückschauend im Bewusstsein haben, woher wir gekommen sind. Wenn wir das in wacher Präsenz tun, wird es immer klarere Selbsterkenntnis. Auch das erfordert Mut. Denn wir sehen unsere Schwächen, unsere Unfertigkeiten, die nicht realisierten guten Vorsätze, «mit denen der Weg zur Hölle gepflastert ist». Wir erkennen die Strenge oder auch Unerbittlichkeit des Schicksalsgesetzes, vom Karma, das von uns den Ausgleich fordert, und dessen ansichtig wir im Zugang auf ein neues Erdenleben ja den Impuls in uns aufgenommen haben, es im zukünftigen Leben zu beantworten, auszugleichen.

Wir sind involviert in die Zeit, die ihren Ausdruck im Lebendigen hat, in einer Sphäre, die wir die Welt des Lebens oder die ätherische Welt nennen. In ihr wirkt Christus, in ihr wird ER von unserer Zeit an Menschen begegnen, so wie er um die Zeitenwende den Menschen in physischer Gestalt begegnet ist. Widar schafft die ätherische Gestalt oder Leiblichkeit, durch die er uns erscheinen kann. Aus diesen Darstellungen können drei wesentliche Aufgabenfelder bewusst werden, die uns mit Widar zusammenführen, in denen wir ihm besonders nah begegnen und mit ihm zukunftsfähig werden können.

Das erste Aufgabenfeld ist eine spirituelle Naturauffassung. Die ganze Natur wird heute von den Naturwissenschaften und deshalb auch von einer Vielzahl von Menschen nur in ihrer äußeren Erscheinung betrachtet und untersucht, und ihre Gesetzmäßigkeiten werden als Mechanik gedeutet. Ihr essenzieller Teil, das Leben, alles mit ihm verbundene Werden und Wachstum (Evolution), aber auch wieder Vergehen (Devolution) wird so nicht erfasst und eigentlich ignoriert. Der ihr zugrunde liegende Schöpfungsimpuls – und damit innerer Zusammenhang mit dem Menschen – existiert scheinbar nicht. Kein Naturwissenschaftler wird heute denken wie Carl Gustav Carus (1789–1869), der in Mensch und Natur den wirksamen und schöpferischen Geist und in jedem einzelnen Menschen, ja in aller Kreatur eine Idee Gottes als Schöpferprinzip erlebte. Und doch ist es so, wie für den Menschen beispielsweise alle Phänomene und Fakten der Immunologie erweisen.

Rudolf Steiner hat, selber noch Student, die Herausgabe von *Goethes Naturwissenschaftlichen Schriften* für die Gesamtausgabe in Kürschners National-Literatur angeboten bekommen. In den Jahren 1883–1887 stellte er insgesamt fünf kommentierte Bände zusammen. Goethe erlebte das Schöpferische in der Natur, es war ihm Anschauung. Steiner ging später in seinem Werk darüber hinaus, indem er die geistigen Schöpfungsprozesse *wesenhaft* beschrieb. Da er die ätherische Welt der vier Äther (Wärme-, Licht-, Klang- und Lebensäther) und der sieben «Bildekräfte» (Lebensstufen, siehe S. 64 ff.) auch eine elementare nannte, heißen die dort wirksamen Wesen Elementar- oder allgemeiner Naturwesen. In dieser Welt lebt Widar als Schützer, ihn treffen wir dort an, wenn wir uns schulen, die äußere Erscheinungswelt zu durchstoßen und in das Wesentliche schauend vorzudringen. Diese so erworbene Fähigkeit heißt bei Steiner Imagination. Denn die elementare Welt zeigt sich in Bildern, wovon die Märchen, Mythen und Sagen alte Zeugnisse sind. Widar kann uns Lehrer solcher Imaginationsfähigkeit werden.

Das zweite Aufgabenfeld ist ein spirituelles Verständnis des Herzorgans. Einer der tiefgreifendsten Irrtümer der naturwissenschaftlichen Medizin war es, das Herz als Pumpe im Blutkreislauf zu denken. Alle Phänomene und Fakten, von der embryonal primären Blutbewegung und der sekundären Herzbildung bis zu dem physikalischen Beweis, dass die Muskelkraft des Herzens viel zu gering ist, um das Blut bis in alle Peripherien des Organismus zu pumpen, haben längst bewiesen, dass das Herz keine Pumpe ist. Wenn dies dennoch auch heute weiterhin in der Medizin als solches beschrieben wird, kann nicht mehr von Irrtum, sondern muss von Aberglauben gesprochen werden.

Rudolf Steiner beschreibt das Herz als Sinnesorgan.[103] Ohne Pause nimmt es alle Vorgänge im Organismus wahr: die Organfunktionen, alle Stoffwechselvorgänge, die Bildung von Stoffen wie Zucker oder Hormonen, ihre Verteilung und Zuordnung zu verschiedenen Organen. Es staut dazu bei jedem Herzschlag den schier unendlichen Blutstrom und liest in dem Augenblick des Stillstands alle Informationen, die das Blut als Ich-Organ in sich trägt. Und es sorgt aktiv für einen ständigen Ausgleich, wenn irgendwo Mangel oder auch zu große Fülle herrscht. Es ist Mittelpunktsorgan unserer leiblichen Gesundheit, seelisch Quell aller Empathie, die auch Nächstenliebe ist. Es ist zentrales Organ der Christus-Wesenheit, und auch Begegnungsort der Dreiheit Widar, Michael und Christus.

Rudolf Steiner beschreibt zwei geistige Ströme, die sich im Herzen begegnen: einmal aufsteigend vom Herzen zur Zirbeldrüse (Epiphyse), zum anderen absteigend von dieser zum Herzen.[104] Widar wirkt in dem aufsteigenden, Michael im absteigenden Strom. Aufsteigend ist es ein ätherischer Lichtstrom, der Träger eines zukunftsorientierten selbstlosen Denkens ist. Rudolf Steiner sprach auch von einer Ätherisation des Blutes, was seine Vergeistigung bedeutet. Dem gebietet Michael Einhalt, indem er dem Blut durch Einfügung des Eisens ausreichend Erdenschwere gibt. Das ist auch ein Heilungsprozess. Michaels Strom, der seinen Schwerpunkt in der Nacht hat, während Widar mehr im Tage wirkt, trägt in sich die morali-

103 Rudolf Steiner, *Geisteswissenschaft und Medizin*, Vortrag vom 22.3.1920, GA 312. Volker Fintelmann, *Das Herz als Sinnesorgan*, Berlin 2017.

104 Rudolf Steiner, *Das esoterische Christentum und die geistige Führung der Menschheit,* Vortrag «Die Ätherisation des Blutes» vom 1.10.1911, GA 130.

schen Weltimpulse, er ist ein Wärmestrom und willenshaft. Er bewirkt Inkarnations- oder Lebenswillen.

Als Sinnesorgan ist das Herz aber auch Ursprung des Hörens, eines empathischen, inneren Hörens, das auch Lauschen oder Zuhören ist. Bei Widar treffen wir auf Selbstlosigkeit, denn in dem Herzhören machen wir uns frei von allem Egoismus, aller Selbstbezogenheit und erfassen «das Andere», bilden Altruismus. In den Evangelien gilt hierfür das Christus-Wort «Wer Ohren hat zu hören, der höre». Mit dem Herz hören wir auch das noch Unerhörte, vergleichbar dem Ungeborenen, das noch Ungehörte. Die Funktion der Ohren ist es, uns dieses innere Hören ins wache Bewusstsein zu bringen. Mit einem leichten Schmunzeln können wir feststellen, dass anatomisch zwei Muskeltaschen an der Hinterwand des Herzens von alters her Herzohren heißen.

Es wurde dargestellt, wie ausgeprägt das Lauschen in der Stille, das hörende Wahrnehmen eine Widar-Kraft ist. Hier können wir uns ihm vereinigen, wenn wir die nicht einfache Kunst des Lauschens, eines inneren und empathischen Hörens schulen.

Ein drittes Aufgabengebiet kann nur sehr behutsam, nur erahnend betrachtet werden. Es ist die besondere Verbundenheit von Johannes dem Apokalyptiker und Widar. Der Evangelist Johannes, der in hohem Alter auf Patmos die Zukunftsoffenbarung erlebte, die auch als Apokalypse bezeichnet wird und *das* Christus-Dokument der Menschheitszukunft ist, ist durch die Forschungen Rudolf Steiners herausgehoben worden aus der großen Zahl der Schüler Christi, die Martin Luther erstmals Jünger nannte. Er gehörte nicht dem ursprünglich berufenen Kreis an und war ein besonderer Freund des Jesus von Nazareth, ihm sehr verbunden, gemeinsam mit seinen Schwestern

Martha und Maria von Magdala. Sein Name ist Lazarus. Er gehörte zur jüdischen Elite, sowohl von seiner Abstammung her als auch durch seinen Reichtum. Fast ein Drittel der Stadt Jerusalem soll sein Eigentum gewesen sein. Er taucht in den anderen Evangelien als der reiche Jüngling auf, der den Meister fragt, wie denn der Weg in die Reiche Gottes führe und welche Voraussetzungen der Mensch erfüllen müsse, der ihn gehen wolle. Und erfährt die ihn tief schmerzende und auch ratlos machende Antwort, dass er allem irdischen Reichtum entsagen müsse. Das viel zitierte Gleichnis vom Kamel und dem Nadelöhr folgt. «Eher kommt ein Kamel durch das Nadelöhr, als ein Reicher in das Reich Gottes» (Mt 19,16-26). Wobei «Nadelöhr» der Name des kleinsten Tores in der Stadtmauer Jerusalems war.

Lazarus stirbt und wird wiedererweckt durch Christi Ruf, nachdem er schon mehr als drei Tage in seiner Grabkammer gelegen hatte. Nach seiner Auferweckung trägt er den Namen Johannes, im Zusammenwirken mit der Geistseele Johannes des Täufers, der sich ihm und dem übrigen Jüngerkreis besonders verbunden hatte. Er ist von da an der Jünger, den «der Herr liebhatte». Er war dank seiner hohen Stellung im Judentum auch nach seiner Erweckung und insbesondere nach der Gefangennahme Jesu Christi unangreifbar, was daran ablesbar wird, dass er als Einziger den Gefangenen zum und in das Haus des Hohenpriesters begleiten kann und bei dem Verhör anwesend ist. Er steht auch als einziger der Jünger zusammen mit den Frauen unter dem Kreuz, nachdem er wohl den ganzen Weg der Passion mitgegangen ist. Er hatte im Erleben einer noch der Tradition folgenden Einweihung, die allerdings – und das war absolut neu – öffentlich vollzogen wurde, den kosmischen Christus im menschlichen Jesus von Nazareth erfahren und war so in der Lage, als einziger Augen- und Ohrenzeuge sein Evangelium, die «frohe Botschaft» zu verfassen. Ist das Johannesevangelium für eine intellektuelle Theologie schon kaum entschlüsselbar, um wie viel weniger noch die Zukunftsvisionen der Apokalypse!

Diese ist nur zu entziffern, wenn ihre Darstellung in Bildern durch das «neue Hellsehen» in die Sprache unseres Bewusstseins übersetzt wird. Das erfordert die Wahrnehmungsfähigkeiten von Imagination, Inspiration und Intuition, wie in der Anthroposophie dargestellt. Rudolf Steiner hat diese Übersetzungsarbeit in Vorträgen zur Apokalypse 1908 in Nürnberg (GA 104) und ganz kurz vor dem Ende seines öffentlichen Wirkens 1924 für die Priester der Christengemeinschaft (GA 346) begonnen. Seine Darstellungen sind erste Anfänge des Verstehens, vielleicht gerade so viel, wie er dem Bewusstsein seiner Zuhörer, und damit uns allen bis ins 21. Jahrhundert hinein, glaubte anvertrauen zu können. Aus seinen Darstellungen wird verständlich, dass die Apokalypse die Zukunft der Erdentwicklung beschreibt, die innig mit der Menschheitsentwicklung verbunden ist. Ziel ist das Neue Jerusalem als Abschluss einer noch große Zeiträume umfassenden Zukunft. Unserer fünften nachatlantischen Kulturepoche, die noch zwei weitere Epochen vor sich hat, die schon in die Jahrtausende gehen, folgen ja noch zwei weitere Entwicklungsstadien der Erde mit jeweils sieben untergliederten Kulturepochen, ehe die Erdentwicklung vollendet ist. Dann werden die Menschen, die sich mit dieser Zukunft und in ihr mit Christus verbunden halten, wieder im unmittelbaren Umkreis Gottes sein, vollbewusster Teil der geistigen Welt, Träger der Freiheit und der Liebe. Das meint das Christus-Wort: «Ich bin bei euch alle Tage bis zur Vollendung der Erdenzeit» (Mt 28,20).

Diesem Ziel hat sich Widar verbunden, nachdem er sich zum Christentum bekehrt hatte. Er ist ungenannt ein aktives Element der Apokalypse, er wirkt mit an der Überwindung des dreifachen Bösen, das hier Babylon, das Tier mit seinem falschen Propheten und Satan genannt wird. In seiner und der Erde Vollendung ist der Mensch in völliger Harmonie mit den Prinzipien des Materiellen und des Spirituellen. Wir dürfen davon ausgehen, dass zwischen Widar und der ewigen Individualität des Johannes eine andauernde enge Verbundenheit gemeinsamer Verantwortlichkeit für die gottgewollte Evolution existiert. Steiner hat das Fortwirken des Johannes in den bedeutenden Inkarnationen von Raffael und Novalis mitgeteilt (in der Letzten Ansprache vom 28.9.1924, GA 238). Letzterer wurde als Sohn einer adligen Familie von Hardenberg auf dem Gut Oberwiederstedt bei Aschersleben geboren, dessen Name als «Stätte des Widar» verdeutlicht werden kann, ursprünglich vielleicht ein kultischer Ort Widars war.[105] Das besondere Spätwerk von Novalis, *Die Christenheit und Europa*, mag davon Zeugnis ablegen. Auch dessen Inhalte sind dem Intellekt kaum zugänglich, bedürfen einer Übersetzung, haben apokalyptischen Charakter.

Mit offenem Gemüt in die Bilder und Klänge der Offenba-

105 Florian Roder schreibt dazu in seiner umfassenden Novalis-Biografie: «Wiederstedt, das eine sehr weit zurückreichende Gründung sein muss, bedeutet ursprünglich nichts anderes als ‹Wohnstätte des *Widar*›.» Florian Roder, *Novalis. Die Verwandlung des Menschen,* Stuttgart 1992, S. 31. Des Weiteren schreibt Roder die erstaunlichen Sätze: «In solchem Vorreitertum, das um den Auftrag weiß, eine neue Zeit einzuläuten, erscheint Friedrich von Hardenberg als ein Mensch gewordener *Repräsentant* des Widar. Was dieser in der Götterwelt vollbringt, hat jener auf der Erde auszuführen.» (S. 869)

rung des Johannes einzutauchen, mit Augen zu sehen und Ohren (Herzen) zu hören, führt uns zu Widar, als Bewahrer und Schützer der Zukunftskräfte von Erde und Mensch. Das ist ein weiterer möglicher Schritt, sich Widar zu verbinden.

Die Pfalzfelder Säule zeigt eine eindrückliche Gestalt: Ein imaginativ gestaltetes Antlitz. Nach allen vier Himmelsrichtungen blickt diese Figur, mal schweigend, mal anscheinend sprechend oder singend. Im Stirnbereich ist der 2-blättrige Lotus dargestellt, und im Kehlkopfbereich eine imaginative Ausgestaltung des Kehlkopfchakras. Nach unseren Forschungen handelt es sich um eine okkulte Darstellung von Widar, dem großen Lauscher. So kann man die eigenartige «Kopfbedeckung» auch als ins Geistige geweitete «Ohren» deuten. (Vgl. auch Adrian Anderson und Rudolf Meyer).

Pfalzfelder Säule; LVR-LandesMuseum Bonn; Foto: © Jürgen Vogel.

VIII. Wie verbinde ich mich Widar?

«Wir sind auf einer *Mission.* Zur Bildung der Erde sind wir berufen.»
Novalis, *Blüthenstaub* (1797/98)

Wie kann ich mich Widar verbinden? Wie kann ich ein Widar-Schüler werden? Diese Fragen wollen wir bewegen – auch im Hinblick auf Michael. In Bezug auf Michael kann man sich klarmachen: Alle Menschen, die ehrlich und aufrichtig die Anthroposophie suchen oder sich mit ihr verbunden haben, sind – mehr oder weniger bewusst – Michael-Schüler. Michael hat in den Jahrhunderten der beginnenden Neuzeit bis in die Goethe-Schiller-Novalis-Zeit herein (15. bis 18. Jahrhundert) im Übersinnlichen eine Schule begründet und geführt.[106] In dieser übersinnlichen Michael-Stätte weilten Millionen von Geist-Seelen, und die später auf der Erde von Rudolf Steiner entwickelte Anthroposophie ist eine Bewusstmachung, ein Geist-Erinnern an die gewaltigen Inhalte der Michael-Schule. Michael blickte mit seinen Schülern umgreifend auf Menschheitsvergangenheit und Menschheitszukunft – immer in Mysterienstimmung und im Mysterienlicht. Das heißt mit anderen Worten, das geistige Entwicklungspotenzial des um Freiheit ringenden Menschen stand und steht im Zentrum der Unterweisungen Michaels.

106 Siehe hierzu Rudolf Steiner, *Esoterische Betrachtungen karmischer Zusammenhänge,* Vortrag vom 20.7.1924, GA 240; sowie Vortrag vom 12.9.1924, GA 238. Außerdem Emanuel Zeylmans van Emmichoven, *Die Erkraftung des Herzens,* 2009, S. 349 ff.

Wir dürfen davon ausgehen, dass auch Widar die Michael-Schule im Übersinnlichen wahrgenommen hat. Zahlreiche andere Engelwesen, aber auch viele Elementarwesen haben an ihr teilgenommen, worauf Rudolf Steiner einmal hingewiesen hat.[107] So gesehen wäre Widar auch eine Art Michael-Schüler. Wir haben den Eindruck: Widar wurde durch die Michael-Schule angeregt, den Michael-Schülern in der Zukunft beizustehen. Und doch ist sein Wirken so bedeutsam für das Zukunftsschaffen der Menschheit, dass man sich fragen kann, ob es nicht auch eine Widar-Schule, zumindest aber einen Widar-Weg gibt, der dem michaelischen Weg gleichwertig zur Seite gestellt werden kann?

Wenn wir nach Widar fragen und unserer Verbindung zu ihm, so müssen wir uns klarmachen, dass der Schauplatz dieser Frage, aber auch dieser Verbundenheit unser eigenes Wesen ist. In und durch die menschliche Organisation findet die Weltverwandlung durch Widar-Kräfte statt. Man könnte es auch so formulieren: Der menschliche Leib ist ein Tempel, ein von den Göttern geschaffenes Gefäß der Ich-Entwicklung, an dem auch, wie im Verlauf dieses Buchs gezeigt, Luzifer und Ahriman konkreten Wirkensanteil haben. Heißt nun nicht, ein Widar-Schüler werden, diesen Leibestempel so zu ergreifen, zu bewohnen und zu pflegen, dass etwas vom «Land Widi» in unserer Leibesorganisation rein bewahrt und zugleich zu ganz neuem Leben erweckt wird?

Es ist uns deutlich, dass es sich hierbei zentral um den Herzraum des Menschen handelt. Im Herzen gestaltet sich Zukunft aus. Im Herzen wird Neues geboren. Und um die Herzkräfte

107 Rudolf Steiner, *Esoterische Betrachtungen karmischer Zusammenhänge,* Vortrag vom 27.8.1924, GA 240.

tobt ein erbitterter Kampf. Das kann man in unserer Zeit sogar an einer äußerlich gegebenen Situation sehen, die sich zur mahnenden Imagination gestaltet: Millionen von Menschen tragen mittlerweile eine Medienmaschine (Smartphone) ungefähr auf Herzhöhe vor sich her. Wo sie gehen und stehen, wird das Smartphone geradezu andächtig, so wie früher vielleicht ein Gebetsbuch, im Herzraum gehalten. Ist das nicht ein aufrüttelndes, ja erschütterndes Gegenbild von dem, worum es eigentlich geht? Sich mit Widar verbinden heißt auch, an dem Gewicht solcher Fragen zu erwachen.

Wir können von drei Herzen sprechen: dem physischen Herzen, einem Ätherherzen und einem astralen Herzen, das auch als 12-blättriges Herzchakra bezeichnet wird. Das Ätherherz löst sich zunehmend vom physischen Herzen, eine Entwicklung, auf die Rudolf Steiner aufmerksam gemacht hat, und die um das Jahr 2100 vollendet sein wird. Dann wird sich das Ätherherz vollständig vom physischen Herzen gelöst haben.[108] Immer, wenn Kräfte frei werden, stellt sich die Frage, wie diese Kräfte und wofür diese Kräfte von nun an eingesetzt werden. Rudolf Steiner weist eindringlich darauf hin, dass dieser Loslösungsprozess des ätherischen Herzens vom physischen Herzen nur gut gehen kann, wenn die Menschen bewusst eine aufbauende Spiritualität in ihre Herzen aufnehmen. Hier hat auch die Musik eine existenzielle Menschheitsaufgabe, was an anderer Stelle bereits dargestellt wurde.[109]

108 Rudolf Steiner, *Vergangenheits- und Zukunftsimpulse im sozialen Geschehen,* Vortrag vom 5.4.1919, GA 190.

109 Siehe hierzu Steffen Hartmann, *Vom Schicksal der Töne in unserer Zeit,* Hamburg 2018, insbesondere S. 94 ff.

Mit Widar kann man den Eindruck gewinnen: Etwas vom «Land Widi», etwas bisher Verborgenes vom Baum des Lebens wird nun zunehmend frei im Herzbereich der Menschen. Widar taucht in unserem Bewusstsein auf, weil seine Sphäre – die unberührten reinen Kindheitskräfte im Herzen – frei wird. Der gierige Fenriswolf schnappt unablässig danach, durch einen sintflutartigen Medienkonsum, der gerade Kinder und Jugendliche in größte Abhängigkeiten, Nöte und Süchte bringt. Ebenso auch viele Eltern, die fast machtlos davorstehen, wie ihre Kinder in untersinnlichen Netzen abtauchen. Ist es da nicht bemerkenswert, dass der französische Präsident Emmanuel Macron im Sommer 2018 ein Gesetz erlassen hat, das den Handy-Gebrauch an allen französischen Schulen verbietet? Ein Gesetz, durch das dem Wirken des Fenriswolfs zumindest etwas Einhalt geboten wird. Man kann daran erkennen, dass der Schutz der Kindheit und der Kindheitskräfte, mithin der Sphäre der Ungeborenheit, auch eine Rechtsfrage ist. Denn, was sich noch nicht selber schützen kann, braucht den Schutz der anderen, der Gemeinschaft, des Staates.

Ein meditativer Weg

Rudolf Steiner hat sechs Übungen oder zu erwerbende Eigenschaften zur Entwicklung der Herzkräfte angegeben, zu einer Erkraftung des Herzens, die sogenannten sechs Nebenübungen. Da Steiner diese Bezeichnung («Nebenübungen») in seinem gesamten schriftlichen Werk nie gebraucht hat, sprechen wir hier von sechs Herzensübungen. Diese sind Gedankenkontrolle, Willenskontrolle, Gleichmut, Positivität, Unbefangenheit und als Sechstes zusammenfassend eine Harmonie dieser fünf Eigenschaften.[110]

Da das Wort «Kontrolle» durch die totalitären Systeme des 20. Jahrhunderts stark missbraucht wurde, ist es heute sinnvoll, von einem reinen und klaren Denken und einer Selbstbeherrschung des Willens zu sprechen, die es zu entwickeln gilt. Hinzu kommt dann als eine vermittelnde dritte Qualität die Gelassenheit. Dadurch arbeitet der übende Mensch an seinen drei Seelenkräften Denken, Wollen und Fühlen. Der vierte Schritt wendet sich sodann bejahend der Welt zu: Positivität. Ich kann zu allem «Ja» sagen; es gibt in allen Dingen und Vorgängen immer auch etwas Gutes, das es zu entdecken gilt. Um dieses zu bemerken, braucht es mitunter große Offenheit, eine kindliche Reinheit des Wahrnehmens, oder eben die fünfte Eigenschaft nach Steiner: Unvoreingenommenheit (auch Vorurteilslosigkeit genannt). Was solcherart fünffach ein Leben lang geübt werden kann – wobei man immer wieder das Erlebnis des Scheiterns mit diesen Übungen haben wird –, fordert in sich noch eine Vermittlung und Harmonisierung, eben die Harmonie dieser fünf Eigenschaften in der Seele des Menschen. Denn jede dieser Übungen für sich genommen könnte auch in eine Einseitigkeit hineinführen.

Im jahrelangen Umgang mit diesen sechs grundlegenden

110 In den *Anweisungen für eine esoterische Schulung,* GA 245, spricht Rudolf Steiner von «allgemeinen Anforderungen, die ein jeder an sich selbst stellen muss, der eine okkulte Entwickelung durchmachen will». Siehe auch: *Wie erlangt man Erkenntnisse der höheren Welten?,* Kapitel «Über einige Wirkungen der Einweihung». Außerdem führt Steiner diese sechs Übungen in den *Stufen der höheren Erkenntnis,* GA 12, und in der *Geheimwissenschaft im Umriss,* GA 13, an.

Übungen des anthroposophischen Erkenntnisweges wird der Bezug zum Zeitgeist Michael immer deutlicher, der innere Bezug zu Widar ist zunächst etwas verborgener, wir kommen aber gleichwohl noch auf ihn zu sprechen. Was wir von Michael lernen können, ist Klarheit im Denken – wir sprechen hier von der *Michaels-Klarheit.* Diese kann insbesondere in der Stirn empfunden werden, was auf eine spirituelle Verbindung zum 2-blättrigen Chakra, auch drittes Auge genannt, hindeutet. Jeder kennt wohl das befreiende Erlebnis, wie beim Umgang mit einer Frage oder einem Problem sich irgendwann Einsicht und Klarheit, Verständnis und Evidenz einstellen können. «Mir geht ein Licht auf», sagen wir dann freudig. Und ebenso wird jeder das bedrückende und unbefriedigende Gefühl kennen, wenn es uns nicht gelingt, bei einer brennenden Frage zur erlösenden Einsicht zu gelangen. Wie Schleier oder Nebel breiten sich dann Unverständnis und Nichtwissen um unsere Seelenaugen. Der Zweifel erfasst uns und kann uns niederdrücken.

Im Kampf mit den Lebenszweifeln und der Verzweiflung braucht es immer wieder viel Kraft und Mut. Im mutigen Tun strömt das Michaelische in den Willen des Menschen ein. Wir sprechen von *Michaels-Mut,* dieser durchdringt uns bis in die Füße. Der Schicksalsweg eines Menschen hängt von dieser Mutqualität essenziell ab. Nur durch Aktivität und Initiative können wir diese Mutkraft entwickeln (ein innerer Bezug dieser Qualität zum 16-blättrigen Chakra im Kehlkopfbereich als einem Organ unseres Leibestempels sei hier nur angedeutet). Das dritte Element führt uns dann ausgleichend ins Herz. Jegliche Gefühlswallung, von himmelhoch jauchzend, zum Tode betrübt, sei ausgewogen, mit Ruhe und Gelassenheit im Herzen: die *Michaels-Waage* ist ein wirksames Bild an dieser Stelle (direkt verbunden mit dem 12-blättrigen Herzchakra).

Nun gelangen wir mit dem vierten Schritt einerseits in die Welt, durch positive Weltzugewandtheit, und gleichzeitig in den unteren Bereich unseres Leibestempels, um dessen Umarbeitung es hier auch geht. *Michaels-Bejahung* ist die Qualität, mit der wir uns stets verbinden können. Michael bejaht den Menschen, er bejaht die Folgen unseres freien Tuns, diese weitertragend im Kosmos. Michael lebt uns auch vor, was es heißt, voll und ganz Verantwortung zu übernehmen für die Folgen unserer Taten. Wenn ich frei und selbstbestimmt handle, dann kann ich die Verantwortung für meine Handlungen und ihre Folgen in der Welt an niemanden delegieren; ich muss selbst ganz – auch karmisch – dafür einstehen. Durch diese Seelenhaltung beginnt der Bereich des Sonnengeflechts (10-blättriges Chakra) unter dem Herzen nach und nach warm und hell zu strahlen, wie eine innere Sonne.

Auf diesem Weg gelangen wir weiter zur *Michaels-Brücke.* Mit Michael können wir Brücken bauen zwischen Menschen, zwischen Völkern und Kulturen, ja auch zwischen allen Weltreligionen, die jeweils (nur) eine Farbe im Regenbogen des Urgöttlichen repräsentieren. Im Schreiten über die Michaels-Brücke lernen wir wahrhafte Toleranz. Alle Vorurteile sind Hindernisse, jede Voreingenommenheit ein Widerstand beim Betreten der Michaels-Brücke. Folgen wir Michaels kosmopolitischem Wesen, so zeigt er uns, dass wir in unserem Ich *mit allem* verbunden sind, dass jeder Mensch einzigartige, weil zutiefst individuelle, Verbindungslinien zum ganzen Kosmos besitzt.

Und der sechste Schritt? Er ist der immer wieder neu zu erringende *Michaels-Sieg.* Dieser Sieg ist natürlich nicht äußerlich gemeint; es ist vor allem der Sieg über sich selbst, verbunden mit ehrlicher Selbsterkenntnis und dem Willen zur Selbstverwandlung. Mit Michael können wir nur siegen, wenn wir bereit sind, uns selbst weiterzuentwickeln und zu verändern im Dienste der Weltangelegenheiten.

In diesem Licht erscheinen die sechs Herzensübungen, wenn wir sie mit Michael üben und ergreifen:

Michaels-Klarheit im Denken
Michaels-Mut im Wollen
Michaels-Waage im Fühlen
Michaels-Bejahung in der Weltzuwendung
Michaels-Brücke zwischen Gegensätzen (Kosmopolitismus)
Michaels-Sieg über sich selbst («O Mensch, erkenne dich selbst»)

Der Widar-Weg

Nun kommen wir zu Widar. Da Widar – gleichsam als der jüngere Bruder Michaels – zunächst verborgener ist, musste erst einmal der Michaels-Weg in diesen sechs Schritten entfaltet werden, zumal Widar als Helfer Michaels diesen Weg auf seine Weise auch gegangen sein wird. Widar bringt nun erstaunlicherweise zu diesen Michaels-Qualitäten sechs weitere, ergänzende, gleichsam komplementäre Qualitäten hinzu. Rudolf Steiner hat schon in *Wie erlangt man Erkenntnisse der höheren Welten?* darauf aufmerksam gemacht, dass das Herzchakra 12-blättrig ist, und dass darin sechs alte Fähigkeiten in Urzeiten veranlagt wurden (diese entsprechen sechs Blättern des Herzlotus), aber beim heutigen Menschen «schweigen». Und dass durch das Üben der dargestellten sechs Eigenschaften nicht nur dieses Geübte gebildet wird (die sechs anderen Blätter werden geweckt), sondern das im Herzen Schlummernde, das aus der Ur-Vergangenheit

Kommende *neu* erweckt wird. Im Idealfall fangen dann alle zwölf Blätter des Herzchakras an zu leuchten und sich zu drehen. Es kann zur Forschungsfrage werden: Welches sind diese sechs (anderen) verborgenen Seeleneigenschaften?

Das ist schon eine Widar-Frage. Denn Widar ist mit dem Verborgenen, ja Ungeborenen verbunden. Zugleich handelt es sich um eine «Erbschaft» aus alten Zeiten, die Widar gleichsam verwaltet, zu der wir aber bewussten Zutritt erlangen durch das energische Beschreiten des beschriebenen Michael-Weges. Man kann im jahrelangen Umgang mit dieser Frage ahnungsweise erfassen: Dieses im Herzen Angelegte wird von Widar bewahrt, seit Urzeiten im Menschen behütet, und nun im 20. und 21. Jahrhundert nach und nach freigegeben. Dieses Freiwerden liegt in der fortschreitenden Menschheitsentwicklung. Die Gefahr ist allerdings, dass der Fenriswolf diese frei werdenden Fähigkeiten verschlingt; die große Chance hingegen ist, dass wir sie mit Widar frei und schöpferisch entwickeln.

Das Erste, was wir durch Widar neu entdecken, ist die Stille. Stille im Denken, man könnte auch sagen Leerwerden des Denkens, was mehr aus buddhistischen meditativen Bemühungen bekannt ist. Wir nennen es: die *Widar-Stille.* Damit kommt zum Schauen Michaels das Lauschen mit den Widar-Ohren im Denken hinzu. Deutlich kann hier auch werden, die Widar-Stille – das leere Bewusstsein – baut auf den reinen denkerischen Anstrengungen auf! Es wäre problematisch, gleich zu Anfang, sozusagen aus dem gewöhnlichen Bewusstsein heraus, eine Leere des Denkens herstellen zu wollen. Das kann kein Weg für den modernen Menschen sein; denn zu vieles würde aus dem Unbewussten, aber auch aus der Erdatmosphäre sich störend hineinmischen (Elektrosmog etc.). Aber *auf der gediegenen Grundlage* der sechs Michaels-Übungen kann durchaus

Widar-Stille geübt oder – sagen wir besser – eingeladen werden. – Die Umarbeitung des Willens führt mit Widar zum *Widar-Stand.* Das ist zum einen der feste, unerschütterliche Stand des Widar im Maul des Fenriswolfs. Es ist aber auch der Widerstand allen untermenschlichen Einflüssen und Verlockungen gegenüber gemeint. Am Widerstand gegen Hitler und den Nationalsozialismus kann man diese Qualität erleben, zum Beispiel bei Hans und Sophie Scholl oder auch Dietrich Bonhoeffer. Mit Widar sich existenziell hineinstellen für eine wahrhafte Überzeugung und gegen den Ungeist und das Unmenschliche – das ist dieser willenhafte Widar-Stand. Die weltweite Friedensbewegung, die vor allem in den 80er-Jahren des 20. Jahrhunderts wirksam war, mit Millionen von friedensbewegten Menschen auf den Straßen, bezeugt das Willenhafte Widars, das Menschen vereint bis in die Füße, freudig, friedlich und gemeinschaftlich (Flower-Power).

Der dritte Schritt: Im Herzen kommen wir mit Widar zu Ruhe und Harmonie. Widar-Ruhe breitet sich aus, vergleichbar einem finnischen See, umgeben von Kiefern und Birken, weit und breit kein Mensch und keine menschlichen Sorgen und Nöte. Wir können unser Herz öffnen für diese himmlische *Widar-Harmonie.* Auch hier ist die Vorbereitung durch die michaelischen Qualitäten entscheidend, sodass nicht ungefiltert alles Eingang findet in den «See des Herzens», sondern nur heilsame Ruhe, sanfte Bewegung, reines Gegenwärtig-Sein.

Die vierte Qualität, die Widar in unserer Zeit hinzubringt, ist *Widar-Verständnis.* Mit Widar können wir jeden Menschen verstehen. In diesem Wort schwingt auch das *Stehen* mit, damit verbunden die Füße und die Schuhe mit ihrem jeweiligen Schicksalsbezug. Man könnte sagen: Ich stehe da, wo der andere steht – vorübergehend natürlich. Im 20. Jahrhundert, allerdings erst in der Zeit nach Rudolf Steiner, ist die *Empathie* entdeckt worden – eine typische Widar-Qualität. Die Empathie erhebt sich über Sympathien und Antipathien aller Art. Empathie ist eine Leistung des sensibilisierten Ich des Menschen, das den «Standpunkt» einer anderen Individualität wach und einfühlsam einnehmen kann, ohne sich selbst dabei zu verlieren. Erkenntnis und Praxis der Empathie in unserer Zeit verdanken wir dem Wirken Widars, und es zeigt sich in diesem Zusammenhang auch, wie Widar für alle Menschen weltweit da ist.

Das fünfte Element ist *Widar-Offenheit.* Eine Offenheit, die alles aufnehmen kann, ein wenig verwandt der weiten norwegischen Westküste, wo auf Hunderten von Kilometern das offene Meer von Westen her anbrandet, bis in den höchsten Norden hinauf – eine sprechende geografische Gegebenheit des «Land Widi». *In uns* kann die Offenheit Widars zu einer Art *Schale* umgearbeitet werden. Eine Schale unterhalb des Herzens, wo alles das aufgenommen und gesammelt wird, was wir mit Widar-Ohren hören konnten. An diesen Platz drängt heute mit aller Macht das Smartphone, interessanterweise wechselt es in der Nutzung dabei die Lage vom Brustraum zu den Ohren und wieder zurück.

Widar-Verständnis und Widar-Offenheit haben beide auch mit einer Errungenschaft unserer Zeit zu tun, die gerade im Rechtsleben immer bedeutsamer wird: die Mediation. Bei einer Mediation, wo in einem Konfliktfall zwei Parteien oder zwei Menschen eine Vermittlung mithilfe eines Dritten (dem Mediator) anstreben, geht es nicht darum, wer Recht hat oder sich gar durchsetzen kann, sondern ob wir *gemeinsam* eine Lösung finden, mit der *alle* leben können. Das ist durch und durch widarisch! Die Mediation setzt allerdings den Willen zur Verständigung bei allen Beteiligten voraus. Daran kann man einmal mehr ablesen, wie die Widar-Qualitäten auf den vorbereitenden Michaels-Qualitäten aufbauen.

Korrespondierend mit dem Michaels-Sieg bringt Widar den *Widar-Frieden*. Der Michaels-Sieg kann nur zusammen mit diesem alles versöhnenden Frieden ein wahrhafter sein. Ohne Frieden wird es in Zukunft keine Siege und auch keine Sieger mehr geben. Bei einem äußeren Krieg, gar mit Atomwaffen, geschweige denn bei einem dritten Weltkrieg, kann es nur noch Verlierer geben! Alle verlieren dabei, die gesamte Menschheitsfamilie – nämlich die Menschlichkeit und die Bewohnbarkeit der Erde. Dieses einsehen heißt, sich intensiv mit Widar verbinden.

Es kann in diesem Zusammenhang tief berühren, gewahr zu werden, dass in derselben Stadt, in der Rudolf Steiner 1910 zum ersten Mal so eindringlich über Widar sprach, seit 1901 jährlich der Friedensnobelpreis vergeben wird: in Oslo (vormals Christiania genannt). Am Hafen von Oslo liegt das Rathaus, in dem die Preisverleihung stattfindet, sowie das Museum, das den Reigen von Menschen vereint, die diesen Preis in ihrem Bemühen um den Weltfrieden erhalten haben. Viele von ihnen kann man als wahre Widar-Schüler erleben, zum Beispiel Albert Schweitzer (Preisverleihung 1952), Dag Hammarskjöld (1961), Martin Luther King (1964), Willy Brandt (1971), Mutter Teresa (1979), der Dalai Lama (1989), Michail Gorbatschow (1990) und Malala Yousafzai (2014), um nur einige Menschen zu nennen, die im Strome Widars unerschrocken für die ganze Menschheitsfamilie eingestanden sind.[111]

111 Persönlich sei an dieser Stelle angemerkt, dass das hier Dargestellte insbesondere auf Reisen durch Finnland, Norwegen und bis nach Brasilien, wo auch intensiv über Widar in Vorträgen gesprochen wurde, sich als Inspiration ergeben hat (Steffen Hartmann).

Widar und Michael im Menschen

Es ist geheimnisvoll und zugleich sehr konkret zu erleben: Widar und Michael begegnen sich im Menschen. Die beschriebenen insgesamt zwölf Eigenschaften oder zu erwerbenden Fähigkeiten sind der Weg dazu. Im Überblick können wir sie uns folgendermaßen vergegenwärtigen:

Michaels-Klarheit und Widar-Stille
Michaels-Mut und Widar-Stand
Michaels-Waage und Widar-Harmonie
Michaels-Bejahung und Widar-Verständnis
Michaels-Brücke und Widar-Offenheit
Michaels-Sieg und Widar-Frieden

Wir haben schon bemerkt, dass wir mit den Michaels-Qualitäten individuell beginnen müssen, da sonst kein Boden, keine gesunde Grundlage für Widar gegeben ist. Indem die Widar-Qualitäten hinzukommen, ist das Soziale, dasjenige, was zwischen Menschen lebt und webt, stärker angesprochen. Vorsichtig könnte man auch von weiblichen Qualitäten sprechen, obwohl es sich hier natürlich nicht primär um geschlechtliche Ausprägungen handelt, sondern um allgemein-menschliche Fähigkeiten, die in jedem Menschen schlummern.

Ein weiterer menschenkundlicher und spiritueller Ordnungs-Zusammenhang in unserem Leibestempel wurde bisher nur angedeutet: Zum einen entwickeln diese Michael- und Widar-Qualitäten umfänglich das Herzchakra (das astrale Herz), zum anderen wirkt jedoch durch jede Übung auch eine bildende und aufbauende Kraft, vom Herzen ausgehend, auf je ein Chakra oder Sinnesorgan der Seele, wie man sie auch nennen kann. Dies sei nun näher betrachtet und dem Leser zu weitergehenden Meditationen übergeben:

Michaels-Klarheit und Widar-Stille bilden das 2-blättrige Stirnchakra.

Michaels-Mut und Widar-Stand haben zu tun mit dem 16-blättrigen Kehlkopfchakra (das ist auch mit dem achtgliedrigen Pfad des Buddha verbunden).

Michaels-Waage und Widar-Harmonie wurzeln zentral im 12-blättrigen Herzchakra.

Michaels-Bejahung und Widar-Verständnis durchsonnen das 10-blättrige Chakra im Solarplexus-Bereich.

Michaels-Brücke und Widar-Offenheit veredeln das 6-blättrige Sakralchakra.

Michaels-Sieg und Widar-Frieden gründen im 4-blättrigen Wurzelchakra.

Ein spirituelles Verständnis der Medizin der Zukunft, insbesondere die Stärkung von Selbstheilungskräften im Menschen, kann durch diesen Blick auf den Organismus seelischer Sinnesorgane, die natürlich subtil auf Ätherleib und physischen Leib einwirken, vertieft werden.[112] «Es giebt nur Einen Tempel in der Welt, und das ist der menschliche Körper.» (Novalis, *Fragmente und Studien*, 1799/1800)

Zur wahren Medizin der Zukunft kann das Dargestellte werden, wenn das Christus-Wesen – nicht konfessionell gemeint, sondern als geistige Wirksamkeit – noch hinzutritt. Dies sei

112 Siehe auch Steffen Hartmann, «Vom Organismus seelischer Sinnesorgane», in *die Drei* 8-9/2016. Dort finden sich viele weitere Literaturhinweise zum Thema.

abschließend unter Einbeziehung der sieben Ich-bin-Worte aus dem Johannesevangelium angedeutet.

«Ich bin das Licht der Welt.» (Joh 8,12)

Dieses Christus-Wort trägt unverkennbar den Bezug zum Schauen in der sonnerhellten Welt in sich. Es ist geradezu ein Weckwort für das dritte Auge, den 2-blättrigen Lotus. Mit dem Christus-Licht – das wir meditierend in unsere Stirn einströmen lassen – können wir auch durch die Finsternis des Sinnenscheins (der Maya) hindurch die geistige Seite der Welt erblicken.

«Ich bin die Türe.» (Joh 10,9)

Das Durchschreiten einer Türe, das Überschreiten einer Schwelle – beides braucht Mut! Die Christus-Tür zur Zukunft steht uns immer offen, durch Initiative können wir das realisieren. Der Bezug zum (16-blättrigen) Kehlkopfchakra wird sehr deutlich, wenn wir uns klarmachen, dass das gesprochene Wort auch eine Schwelle überschreitet, und zwar vom Seeleninnenraum kommend mit dem Luftstrom im Sprechen in der Außenwelt sich kundgebend. Dadurch manifestiert sich Schicksal, denn jedes gesprochene Wort ist eine Tat und hat weiterwirkende Folgen in der Welt.

«Ich bin der gute Hirte.» (Joh 10,11)

Im Herzen trägt und behütet Christus die ganze Menschheit. Wahre Opferbereitschaft entsteht im Herzen: Der gute Hirte gibt sein Leben hin für seine Schafe. Der 12-blättrige Lotus im Herzbereich erblüht in Christus-Licht und -Wärme.

«Ich bin die Auferstehung und das Leben.» (Joh 11,25)

Der Auferstehungsjubel dieses Christus-Wortes durchdringt uns ganz. Unsere innere Sonne beginnt zu leuchten (der 10-blättrige Lotus im Solarplexus-Bereich). Das ist die Kraft, die den toten Lazarus aus dem Grab rufen und auferwecken konnte.

«Ich bin der Weg, die Wahrheit und das Leben.» (Joh 14,6)

Durch diese Dreiheit – Weg, Wahrheit und Leben – werden die bewussten Bezeugungskräfte der Wahrheit und die leiblichen Zeugungskräfte des Lebens im Menschen von Christus durchdrungen und mit dem Entwicklungsprinzip (dem Weg) verbunden. Das wirkt tief ein auf das Sakralchakra.

«Ich bin der wahre Weinstock, ihr seid die Reben.» (Joh 15,5)

Der Weinstock wurzelt in der Erde. Der Grund unseres Menschseins wird durch dieses Christus-Wort ergriffen und geheiligt (geheilt). Der «Wein» wird zur heilenden Arznei (Wurzelchakra).

Der Leser wird bemerkt haben, dass das erste Ich-bin-Wort «Ich bin das Brot des Lebens.» (Joh 6,35) bisher ausgespart wurde. Wo findet es seinen Platz? Dieses Christus-Wort hat zu tun mit einem geheimnisvollen Organ, auf das auch Rudolf Steiner nur verdeckt hingewiesen hat: der 8-blättrige Lotus unter dem Herzen. Wir möchten von einer «Gralsschale des Herzens» sprechen. Diese ist wohl das eigentliche Widar-Organ in unserem Leibestempel. Es schafft im Wesensgliedergefüge die Verbindung zwischen Ätherleib und Astralleib. In ihm fassen sich all die anderen sechs Qualitäten zusammen, im Grunde sind es ja drei Mal sechs Qualitäten:

Sechs Michael-Qualitäten
Sechs Widar-Qualitäten
und die angeführten sechs Christus-Worte.

In *Wie erlangt man Erkenntnisse der höheren Welten?* ist zumindest angedeutet, dass dieses Widar-Organ, wie wir es hier einmal nennen möchten, auch das Verbindungsorgan von Ätherleib und Astralleib ist. Es gibt ein okkultes Gesetz zur Entwicklung der seelischen Sinnesorgane: Die eine Hälfte der Blätter (der Eigenschaften) eines solchen Sinnesorgans (Chakras) wurde schon in Urzeiten entwickelt und schlummert heute in den Tiefen des Menschenwesens, die andere Hälfte kann durch bewusste Übung erweckt werden. Dadurch erwacht das ganze Chakra zu neuem Leben, die Blätter hellen sich auf und das Seelenorgan fängt an sich zu drehen; und damit setzt die entsprechende übersinnliche Wahrnehmungsfähigkeit ein. Beim 8-blättrigen Lotus wäre also nach vier Eigenschaften (Übungen) zu fragen. Rudolf Steiner beschreibt tatsächlich vier Eigenschaften nach der Besprechung aller anderen Chakren, allerdings ohne einen Bezug zum 8-blättrigen Lotus herzustellen, der nur einmal kurz erwähnt wird; der Geistesschüler muss selbst auf diesen Zusammenhang kommen. Steiner schreibt:

«In der Geisteswissenschaft wird von *vier* Eigenschaften gesprochen, welche sich der Mensch auf dem sogenannten Prüfungspfade erwerben muss, um zu höherer Erkenntnis aufzusteigen. Es ist die *erste* davon die Fähigkeit, in den Gedanken das Wahre von der Erscheinung zu scheiden, die Wahrheit von der bloßen Meinung. Die *zweite* Eigenschaft ist die richtige Schätzung des Wahren und Wirklichen gegenüber der Erscheinung. Die *dritte* Fähigkeit besteht in der ... Ausübung der sechs Eigenschaften: Gedankenkontrolle, Kontrolle der Handlungen, Beharrlichkeit, Duldsamkeit, Glaube und Gleichmut. Die *vierte* ist die Liebe zur inneren Freiheit.»[113]

Interessanterweise ist die dritte Eigenschaft eine Zusammenfassung der sechs Herzensübungen (in leicht variierter Beschreibung)! Das erweist deutlich, wie der 8-blättrige Lotus – die Gralsschale unterm Herzen – mit dem Herzen selbst innig zusammenhängt. Es wird auf diese Weise das eigentliche Zentrum im Tempel des menschlichen Leibes übend geschaffen. Schlagen wir von hier aus noch einmal den Bogen zu Widars Zukunftswirken. Am Ende der Götterdämmerung beschreibt die *Edda* den Aufgang einer neuen Zeit. Da heißt es:

«Leben denn dann noch Götter, und gibt es noch eine Erde oder einen Himmel? ... Die Erde taucht aus der See auf, grün und schön, und Korn wächst darauf ungesät. Widar und Wali leben noch, weder die See noch Surturs Lohe hat ihnen geschadet. Sie wohnen auf dem Idafeld, wo zuvor Asgard war. Auch Thors Söhne, Modi und Magni, stellen sich ein und bringen den Miöllnir mit. Danach kommen Baldur und Hödur aus dem Reiche Hels: da sitzen sie alle beisammen und besprechen sich und gedenken ihrer Heimlichkeiten, und sprechen von Zeitungen, die vordem sich ereignet, von der Midgardschlange und dem Fenriswolf. Da finden sich im Grase die Goldtafeln, welche die Asen besessen haben. Wie es heißt:

Widar und Wali walten des Heiligtums,
Wenn Surturs Lohe losch.
Modi und Magni sollen Miöllnir schwingen
Und zu Ende kämpfen den Krieg.

113 Rudolf Steiner, *Wie erlangt man Erkenntnisse der höheren Welten?*, Kapitel «Über einige Wirkungen der Einweihung», GA 10.

An einem Orte, Hoddmimirs Holz genannt, verbargen sich während Surturs Lohe zwei Menschen, Lif und Lifthrasir, und nährten sich vom Morgentau. Von diesen beiden stammt ein so großes Geschlecht, dass es die ganze Welt bewohnen wird. So heißt es hier:

Lif und Lifthrasir leben verborgen
In Hoddmimirs Holz;
Morgentau ist all ihr Mahl.
Von ihnen stammt ein neu' Geschlecht.»[114]

Es sind vier Paare von Wesen, die die Götterdämmerung überstehen und eine neue Welt begründen: Widar und sein Bruder Wali (beide Söhne Odins), Modi und Magni (die Söhne Thors), Baldur und Hödur (jener blinde Hödur, der Baldur einst mit einem Mistelzweig tötete!) und ein Menschenpaar, von dem bisher noch nicht die Rede war, Lif und Lifthrasir. Wir können diese Namen mit Leben und Lebensträger übersetzen. Diese beiden Menschen verbergen sich während des großen Weltenbrandes in Hoddmimirs Holz und ernähren sich einzig von Morgentau. Ein tiefes Wahrbild! Einmal für die Verbundenheit des Menschen mit dem Baum des Lebens – der Sphäre Widars – und damit verbunden der reine Morgentau als Ausdruck einer ganzen neuen Welt. Denn schon in einem einzigen Tautropfen kann sich die ganze Welt spiegeln. Es handelt sich beim Tau um eine Naturgabe, die von Menschen bewusst aufgenommen werden kann als Nahrung: «Morgentau ist all ihr Mahl.» Das hat viel zu tun mit dem in diesem Kapitel beschriebenen Widar-Weg. Dieser verwandelt, reinigt und schützt Lif

114 *Die Edda,* S. 312.

und Lifthrasir im Verborgenen des Lebensbaumes, während die Götterdämmerung ringsum tobt.

Das neue Heiligtum Widars, wir können auch von der neuen Hellsichtigkeit und Hellhörigkeit und Hellfühligkeit sprechen, steht in Verbindung mit den reinen Naturkräften, und es wird gebildet in der Zusammenarbeit von Menschen *und* Göttern. Sich mit Natur- und Elementarwesen liebevoll verbinden und verbünden heißt, sich mit Widars werdendem Heiligtum verbinden. Dadurch kommt es auch zu einer Erlösung der verzauberten, ja mitunter versteinerten Elementarwesen in der Natur. Der Vorzügler Novalis sagt einmal: «Die Natur ist eine versteinerte Zauberstadt.» (In seinen *Fragmenten* 1799/1800). Und wir haben die große Aufgabe vor uns, sie zu neuem Leben zu erwecken – durch unsere seelische Zuwendung, durch geistige Aufmerksamkeit und physische Pflege. Dann werden Brot und Wein Christi – *«Die Erde taucht aus der See auf, grün und schön, und Korn wächst darauf ungesät»* – uns ernähren, und Widar wird der wahre Mundschenk sein.

Nachklang

Dieses Buch und seine Autoren haben das Anliegen, die Leser zu Widar zu geleiten, dem schweigsamen (und unbekannten) Gott der Asen. In einem Achtklang führen die Kapitel dieses Buchs von dem Versuch der Charakterisierung seines Wesens bis zu der Stufe einer meditativen Verbindung mit ihm, als Oktave zu dem Grundton. Widar kann der Menschheit Zukunft vermitteln, er ist Geleiter eines Weges, der das Geistige im Menschen mit dem Geistigen im Weltenall verbinden will. Er kann sich uns in unserem Herzen offenbaren, welches ein Begegnungsort mit Michael und Christus im Menschen ist. Seine Heimat ist das «Land Widi», das unermesslich weite Land der Natur. In ihrer spirituellen Wahrnehmung können wir Widar, und in seiner Gefolgschaft den vielfachen Wesen der Natur in Stein, Pflanze und Tier begegnen. Ihnen dürfen wir die Wege zum Christus in der ätherischen Welt weisen, wenn wir sie in uns gefunden haben und sie aktiv beschreiten. Eine herausgehobene Pflanze ist die Mistel, die sich der Mission Widars seit Urzeiten verbunden hat. Sie wurde ausersehen, dem Menschen im Zeitalter der Bewusstseinsseelen-Entwicklung hilfreich zur Seite zu stehen, um die Zeitkrankheit Krebs überwinden zu können. Sie ist ganz auf das noch junge Ich gerichtet, das sich immer klarer zu der Erkenntnis als ein Selbst entwickeln will, um eine auf sich selbst gegründete, freie Persönlichkeit zu werden.

Die Krebskrankheit ist eine große Prüfung des modernen Menschen und zugleich die Chance, die eigene, vorgeburtlich veranlagte Selbstbestimmung als Lebensplan oder auch «Lebensmelodie»[115] zu leben. Jede Krankheit ist Auseinandersetzung mit Kräften, die der von Gott veranlagten Entwicklung Widerstand leisten, die sie in andere, einseitige Richtungen lenken wollen. Von alters her nennen wir diese Widersacher in ihren sechs Formen «das Böse». Wir dürfen jedoch nicht übersehen, dass sie Helfer unserer Entwicklung sein können, weil sie zwar von sich aus das Böse wollen, und doch auch viel Gutes schaffen (Mephistopheles in Goethes *Faust*).

Im Bestehen dieser Widerstände und Versuchungen brauchen wir Helfer. Widar ist einer von ihnen. Er stellt seinen Fuß in das aufgerissene Maul des Fenriswolfs und hält uns so die Wege in die Zukunft offen. Ein Schuh, der aus Resten menschlicher Leben geschaffen wurde, schützt seinen Fuß. Die «Leben» sind Ausdruck der vielen Möglichkeiten und Anlagen eines Menschen, die er noch nicht leben konnte, die aber darauf warten, gelebt zu werden. Widar wartet mit ihnen, er hält unsere Zukunft für uns offen, er ist der Verwalter der Ungeborenheiten, die auf ihr Geborenwerden warten. Durch ihn werden sie immer neu uns zugeführt, in aller Freiheit, ob wir sie gebären wollen.

In der Auseinandersetzung mit dem Abgründigen steht Widar als unser Helfer nicht allein. Er hat sich dem Erzengel Michael verbunden, der seit Urzeiten der Menschheit auf ihrem Weg zur Freiheit beisteht und sich hierin ganz dem eigentlichen Menschheitsführer, dem Christus, angeschlossen hat. Widar, Michael und Christus bilden eine Geistgemeinschaft, die das Ziel der Menschheits-Evolution zu seiner Vollendung geleitet und soweit schützt, wie es ein Freisein der einzelnen Menschen

115 Lawrence LeShan, *Psychotherapie gegen den Krebs,* Stuttgart 1982.

erlaubt. Diese Geistgemeinschaft kann uns Vorbild sein für alles soziale Leben, für Lebensgemeinschaften, die für übergeordnete, nicht egoistische Ziele eintreten wollen: «Wo zwei oder drei in meinem Namen beisammen sind, da bin ich mitten unter ihnen» (Mt 18, 20).

So wie Michael hat sich auch Widar dem Christus innigst verbunden und bereitet ihm in seinem «Land Widi», der Natur, das ätherische Gewand oder die Leiblichkeit, durch die Christus uns Menschen seit dem vorigen Jahrhundert wieder sichtbar erscheinen kann. Er hat den Weg des Sonnengeistes zur Erde in Verbundenheit mit der Menschheit ähnlich wie Michael seit Urzeiten begleitet. Widar ist in der Unschuld verblieben, in welcher auch der Mensch vor seiner Sonderung von der göttlichen Welt, dem Sündenfall und der Vertreibung aus dem Paradies, lebte. Diese Unschuldskräfte kann Widar dem Menschen neu vermitteln, sie wirken auch durch die Mistel und sind Anteil der Naturwesen. Widar kann hörbar werden in dem Pauluswort: «Nicht Ich, der Christus in mir» (Galater 2,20). Dürfen wir wünschen, dass Sie, Leserinnen und Leser dieses Buchs und seiner fragenden Gedanken, Mitstreiter Widars werden mögen? Was ja zu allererst heißt, von ihm überhaupt zu wissen und Wege kennenzulernen, auf denen man Widar begegnen kann. Das möchten wir gerne mit diesem Buch vermitteln.

Literatur

Dante Alighieri, *Die Göttliche Komödie,* übersetzt von W. G. Hertz, München [11]1995.

Günther Anders, *Die Antiquiertheit des Menschen,* Band 1, München 1992.

Adrian Anderson, *The Vidar Flame-Column – its meaning from Rudolf Steiner,* Threshold Publishing, Australia 2017.

Esther Bejarano, «Auschwitz war ein einziges Zittern», Interview in *Flensburger Hefte,* Nr. 127, 2015.

Roman Boos, *Sozialwissenschaftliche Texte,* 1. und 2. Heft, Freiburg i. Br. 1961.

Carl Gustav Carus, *Lebenserinnerungen und Denkwürdigkeiten,* Weimar 1966.

Die Edda. Götterlieder, Heldenlieder und Spruchweisheiten der Germanen, Übersetzung von Karl Simrock, Wiesbaden [12]2015.

Paul Emberson, *Von Gondhishapur bis Silicon Valley,* Band I, Etheric Dimensions Press, Schweiz und Schottland 2012.

—, *Von Gondhishapur bis Silicon Valley,* Band II, Etheric Dimensions Press, Schweiz und Schottland 2017.

Michael Ende, *Momo,* Stuttgart [20]1973.

J. W. Ernst, *Das Schicksal unserer Zivilisation und die kommende Kultur des 21. Jahrhunderts,* Freiburg 1977.

Volker Fintelmann, *Krebs-Sprechstunde,* Stuttgart 1994.

Volker Fintelmann, Markus Treichler (Hrsg.), *Onkologie auf anthroposophischer Grundlage,* Band 1 und Band 2, Frankfurt 2014.

Volker Fintelmann, *Intuitive Medizin,* Stuttgart [6]2016.

—, *Das Herz als Sinnesorgan,* Berlin 2017.

—, *Die spirituelle Seite des Immunsystems,* Stuttgart 2022.

—, *Die Wiedergewinnung des Heilens. Wege zu einer christlichen Medizin,* Frankfurt 2017.

Viktor E. Frankl, … *Trotzdem Ja zum Leben sagen,* München 2009.

Johann Wolfgang von Goethe, *Werke,* Hamburger Ausgabe in 14 Bänden, kommentiert von Erich Trunz, Taschenbuchausgabe München 2000.

Götterschicksal – Menschenwerden, aus der Edda nacherzählt von Dan Lindholm, Stuttgart [7]2002.

Johannes Greiner (Hrsg.), *Mit dem Menschheitsrepräsentanten unterwegs,* Neukirchen 2018.

Steffen Hartmann, Anton Kimpfler und Torben Maiwald (Hrsg.), *Aus Widars Wirken. Wegbereitung einer Zukunftskultur,* Hamburg 2014.

Steffen Hartmann, Anton Kimpfler, *Geistesgegenwart und Schöpferkraft. Vom Menschen-Welt-Begegnen zum Zeitgeist im 21. Jahrhundert,* Hamburg 2015.

Steffen Hartmann, «Vom Organismus seelischer Sinnesorgane», in *die Drei* 8-9/2016.

—, «Widar und die Ungeborenheit», in *Gegenwart* 3/2017.

—, «Die Bhagavad Gita, Krishna und Widar», in *Anthroposophie,* Michaeli 2017.

—, *Die Michael-Prophetie Rudolf Steiners und die Jahre 2012 bis 2033,* Hamburg [2]2018.

—, *Vom Schicksal der Töne in unserer Zeit. Musikalische Betrachtungen zur Anthroposophie,* Hamburg 2018.

—, «Wer ist Widar?», in *die Drei* 7-8/2018.

Heilendes Wirken, Das Tor der Zukunft offenhalten. Vom Zeitgeist Michael und Widar, dem Wächter des Nordens, Heft 35, Advent 2018.

Gundula Jäger, *Die Bildsprache der Edda,* erweiterte Neuauflage Stuttgart 2010.

Johannes, *Apokalypse,* in der Übersetzung von Bernd Lampe, [4]2013.

Robert Jungk, *Die Zukunft hat schon begonnen,* Reinbek 1984.

Imre Kertész, *Ich – ein anderer,* Berlin 1998.

Anton Kimpfler, *Okkulte Umweltfragen,* 1982.

—, *Die elektronische Seuche,* Oberwil b. Zug 1985.

—, *Ankunft und Wiederkehr des Christus,* Dornach 2001.

Johannes Kühn, *Mythologische Motive in romanischen Kirchen «Widar»,* Schaffhausen 1945.

Lawrence LeShan, *Psychotherapie gegen den Krebs,* Stuttgart 1982.

Primo Levi, *Ist das ein Mensch?,* München und Wien 1991.

C. S. Lewis, *Dienstanweisungen an einen Unterteufel,* München 1981.
Jacques Lusseyran, *Das wiedergefundene Licht,* München 1994.
Rudolf Meyer, *Nordische Apokalypse,* Stuttgart 1967.
Klaus Miehling, *Lautsprecher aus! Zwangsbeschallung contra akustische Selbstbestimmung,* Berlin 2010.
Christian Morgenstern, *Werke und Briefe; Lyrik,* Band II, Stuttgarter Werkausgabe [2]2013.
Novalis, *Blüthenstaub* (1797/98), Werke in 3 Bänden, München und Wien 1978.
Sergej O. Prokofieff, *Der Jahreskreislauf als Einweihungsweg zum Erleben der Christus-Wesenheit,* Stuttgart [4]2017, hier insbesondere das Kapitel «Das Widar-Mysterium».
—, *Rudolf Steiner und die Meister des esoterischen Christentums,* Dornach 2018.
Christoph Rau (Hrsg.), *Kein Augenblick ohne ein Ja,* Stuttgart 2002.
Florian Roder, *Novalis. Die Verwandlung des Menschen,* Stuttgart 1992.
Werner Schäfer, *Rudolf Steiner über die technischen Bild- und Tonmedien,* Bremen [4]2002.
Peter Selg, *Mensch und Mistel. Die Begründung der onkologischen Viscum-Behandlung durch Rudolf Steiner und Ita Wegman, Band 1: 1917-1925,* Berlin 2016.
—, *Michael und Christus,* Verlag des Ita Wegman Instituts, 2010.
Peter Selg, Maurice Orange, Hartmut Ramm, Severin Poechtrager (Hrsg.), *Mistelforschung und Krebstherapie,* Arlesheim 2016.
Jorge Semprún, *Die große Reise,* Reinbek bei Hamburg 1981.
Wladimir Solowjew, *Eine kurze Erzählung vom Antichrist,* Stuttgart 2013.
Manfred Spitzer, *Digitale Demenz,* München 2012.
—, *Die Smartphone-Epidemie,* Stuttgart 2018.
Rudolf Steiner, *Die Wochensprüche* des *Anthroposophischen Seelenkalenders,* hrsg. von Michael Debus, Sonderausgabe, Dornach [4]2015.
—, *Theosophie,* GA 9.
—, *Wie erlangt man Erkenntnisse der höheren Welten?,* GA 10.
—, *Die Stufen der höheren Erkenntnis,* GA 12.
—, *Die Geheimwissenschaft im Umriss,* GA 13.
—, *Von Seelenrätseln,* GA 21.

—, *Kosmologie, Religion und Philosophie,* GA 25.
—, *Anthroposophische Leitsätze,* GA 26.
Rudolf Steiner und Ita Wegman, *Grundlegendes für eine Erweiterung der Heilkunst,* GA 27.
Rudolf Steiner, *Die Theosophie des Rosenkreuzers,* GA 99.
—, *Die Apokalypse des Johannes,* GA 104.
—, *Welt, Erde und Mensch,* GA 105.
—, *Geisteswissenschaftliche Menschenkunde,* GA 107.
—, *Die Mission einzelner Volksseelen im Zusammenhang mit der germanisch-nordischen Mythologie,* GA 121, 6., überarbeitete und erweiterte Auflage, Dornach 2017.
—, *Das esoterische Christentum und die geistige Führung der Menschheit,* GA 130.
—, *Die Welt der Sinne und die Welt des Geistes,* GA 134.
—, *Die Welt des Geistes und ihr Hereinragen in das physische Dasein,* GA 150.
—, *Vorstufen zum Mysterium von Golgatha,* GA 152.
—, *Das Rätsel des Menschen. Die geistigen Hintergründe der menschlichen Geschichte,* GA 170.
—, *Individuelle Geistwesen und ihr Wirken in der Seele des Menschen,* GA 178.
—, *Der Tod als Lebenswandlung,* GA 182.
—, *Die Polarität von Dauer und Entwicklung im Menschenleben,* GA 184.
—, *Vergangenheits- und Zukunftsimpulse im sozialen Geschehen,* GA 190.
—, *Die Sendung Michaels,* GA 194.
—, *Die Verantwortung des Menschen für die Weltentwicklung,* GA 203.
—, *Anthroposophie als Kosmosophie,* GA 208.
—, *Erdenwissen und Himmelserkenntnis,* GA 221.
—, *Menschenwesen, Menschenschicksal und Welt-Entwicklung,* GA 226.
—, *Initiations-Erkenntnis,* GA 227.
—, *Der übersinnliche Mensch anthroposophisch erfasst,* GA 231.
—, *Mysterienstätten des Mittelalters,* GA 233a.
—, *Anthroposophie. Eine Zusammenfassung nach 21 Jahren,* GA 234.
—, *Esoterische Betrachtungen karmischer Zusammenhänge,* dritter Band, GA 237.

—, *Esoterische Betrachtungen karmischer Zusammenhänge,* vierter Band, GA 238.
—, *Esoterische Betrachtungen karmischer Zusammenhänge,* sechster Band, GA 240.
—, *Anweisungen für eine esoterische Schulung,* GA 245.
—, *Esoterische Unterweisungen für die erste Klasse der Freien Hochschule für Geisteswissenschaft,* GA 270, Band I.
—, *Idee und Praxis der Waldorfschule,* GA 297.
—, *Geisteswissenschaft und Medizin,* GA 312.
—, *Meditative Betrachtungen und Anleitungen zur Vertiefung der Heilkunst,* GA 316.
—, *Das Zusammenwirken von Ärzten und Seelsorgern. Pastoral-Medizinischer Kurs,* GA 318.
—, *Apokalypse und Priesterwirken,* GA 346.
John R. R. Tolkien, *Der Herr der Ringe: Die Gefährten*, Band 1, Stuttgart [6]2017.
Ernst Uehli, *Nordisch-germanische Mythologie,* Stuttgart 1965.
Emanuel Zeylmans van Emmichoven, *Die Erkraftung des Herzens,* Arlesheim 2009.

Rudolf Steiner zitiert nach der im Rudolf Steiner Verlag, Dornach/Schweiz, erscheinenden Gesamtausgabe (GA). Die im Text angegebenen Seitenzahlen beziehen sich auf die zitierten Buchausgaben.

Über die Autoren

Volker Fintelmann, geboren 1935 in Berlin, lebt seit 1957 in Hamburg. Nach dem Abitur an der Freien Waldorfschule Hannover (1955) studierte er Medizin in Tübingen, Berlin, Heidelberg und Hamburg, wo er 1960 das Staatsexamen ablegte und 1961 promovierte. Er absolvierte die Facharztausbildung Innere Medizin und spezialisierte sich in Gastroenterologie. 1973 wurde er Leitender Arzt in der Klinik Helenenstift in Hamburg-Altona, übernahm 1977 diese Funktion auch im Krankenhaus der DRK-Schwesternschaft Hamburg Beim Schlump, führte beide Kliniken ab 1980 im Krankenhaus Rissen zusammen, wo er bis Ende 1996 als Leitender Arzt und die letzten 10 Jahre als Ärztlicher Direktor und Geschäftsführer arbeitete. Seither ist er in freier Praxis tätig. 1997 Gründung der Carl Gustav Carus Akademie Hamburg, deren Vorstand er bis heute ist.

Sein Anliegen ist die praktische und wissenschaftliche Ausarbeitung einer Anthroposophischen Medizin auf Grundlage der naturwissenschaftlichen Medizin. In diesem Zusammenhang verlieh der Senat der Freien- und Hansestadt Hamburg ihm 1996 den Ehrentitel Professor. Er war integriert in die Ausarbeitung einer modernen Pflanzenheilkunde (Phytotherapie) und Mitglied und Vorsitzender der zuständigen Kommission beim Bundesgesundheitsamt in Berlin. Er ist Autor und Mitautor zahlreicher Bücher als Ergebnis der genannten Arbeitsgebiete. Schwerpunkte bilden die *Intuitive Medizin. Theorie und Praxis der Anthroposophischen Medizin* (Haug, Stuttgart, 6. Auflage), *Lehrbuch der Phytotherapie* (Haug, Stuttgart, 13. Auflage) und

Die Wiedergewinnung des Heilens, Wege zu einer christlichen Medizin (*info 3*, Frankfurt am Main, 3. Auflage). Sein Arbeitsgebiet und das damit verbundene Anliegen hat er am intensivsten «von Mund zu Ohr» mitgeteilt und annähernd 3.500 Vorträge zu vielfältigen medizinischen und menschenkundlichen Themen gehalten.

Steffen Hartmann, geboren 1976 in Freiburg im Breisgau, studierte Klavier in Hamburg. Als Liedbegleiter besuchte er Meisterkurse bei Elisabeth Schwarzkopf und Dietrich Fischer-Dieskau. Eine intensive künstlerische Zusammenarbeit verbindet ihn mit der Sopranistin Marret Winger. 2007 gründete er das Institut MenschMusik Hamburg, zusammen mit Matthias Bölts, das neue Wege in der Musikerausbildung beschreitet.

Seit 1997 geht er einen inneren meditativen Weg auf Grundlage der Anthroposophie. Durch Anfragen von außen ist er seit einigen Jahren als Meditationslehrer tätig. Steffen Hartmann schreibt regelmäßig Aufsätze zu Grundfragen der anthroposophischen Geisteswissenschaft, zu Meditation und Musik. Zusammen mit Torben Maiwald gründete er den Verlag Edition Widar, in dem unter anderem seine Bücher *Wege zum Geist* (2012), *Von der Philosophie zur Anthroposophie* (2013), *Aus Widars Wirken* (Mitherausgeber, 2014), *Geistesgegenwart und Schöpferkraft* (zusammen mit Anton Kimpfler, 2015), *Die Michael-Prophetie Rudolf Steiners und die Jahre 2012 bis 2033* (2017) sowie *Vom Schicksal der Töne in unserer Zeit* (2018) erschienen sind. Seit 2012 ist er im Zweig am Rudolf Steiner Haus Hamburg verantwortlich tätig; damit verbunden ist eine internationale Vortrags-, Seminar- und Konzerttätigkeit in Deutschland, der Schweiz, Österreich, Finnland, Norwegen, Griechenland und Brasilien.

Mario Betti

Das Rosenkreuz

Von der Einwohnung des Christus im Menschen
175 Seiten, gebunden mit Schutzumschlag

Mario Betti unternimmt eine vertiefende Betrachtung der Meditation des Rosenkreuzes als Urphänomen innerer Durchchristung. Hierdurch erscheinen auch Kernmotive des Lebens Jesu vor und nach der Jordantaufe in einem das menschliche Schicksal erleuchtenden wie ordnenden neuem Licht.

«Das hohe spirituelle Sonnenwesen Christus ist seit der Zeitenwende mit der Erde – mit all ihren Reichen – wesensmäßig verbunden. Eine ursprüngliche Glaubenskraft konnte ihn ‹erleben›. Dazu kam, im Zuge des Mittelalters, bis zum Anbruch der Neuzeit hin, die Fähigkeit, mit Glauben und Denken vereinigt, die Mysterien Christi zu ‹verstehen›. Heute besteht auch die Möglichkeit, den Christus als innere und äußere Instanz des eigenen ‹Ich› zu ‹gewärtigen›. Es ist zugleich die Erschaffung eines neuen Menschen im Menschen aus der vereinten Kraft der Kreatur mit dem schöpferischen Wort vom Urbeginn.» *Mario Betti*

Laszlo Böszörmenyi

Georg Kühlewind

Ein Diener des Logos
250 Seiten, Leinen mit
Schutzumschlag

Ich habe mir fest vorgenommen, keine «Lobeshymnen auf ihn zu singen». Erstens, weil er das vehement abgelehnt hätte. Zweitens, um nicht unbescheiden zu sein. «Wie komme ich dazu, Wieland zu loben?!», soll Goethe gesagt haben, als er nach dem Tod des von ihm sehr geschätzten Dichterkollegen um eine Laudatio gebeten wurde. Um wie viel mehr gilt das für mich! Und drittens, weil Lob eine Geste der Entfremdung ist. Denn einen Freund sollte man nicht loben, sondern lieben. Trotzdem kann ich mich nicht zurückhalten, gleich zu Beginn festzuhalten: Georg Kühlewind hat völlig neue Impulse auf die Erde gebracht. Seine Bedeutung haben nur wenige Menschen erkannt, auch innerhalb der anthroposophischen Bewegung. Und das ist deshalb so bedauerlich, weil er gerade das gebracht hat, was so viele Menschen – innerhalb und au erhalb der anthroposophischen Bewegung – suchen.

Laszlo Böszörmenyi